»Christus und Johannes«
Initiale aus einem Antiphonale der Abtei Metten (um 1430)

P. JOHANNES PAUSCH

DIE EINHEIT LEBEN

P. JOHANNES PAUSCH

DIE EINHEIT LEBEN

Geistliche Wege im Alltag

OTTO MÜLLER VERLAG SALZBURG

ISBN 3-7013-0730-X

Satz: Verlag Politisches Archiv, Landshut
Druck und Bindung: Wiener Verlag, Himberg

Für meine Schüler
und Lehrer
aus Dankbarkeit
für die Begleitung
auf meinem Weg

INHALT

STATT DES VORWORTES – EIN VERSUCH: Auf der Suche nach der Einheit

Lieber Leser

höre, lausche in Dich hinein, was Du jetzt suchst und zu finden hoffst; was Du vermeiden möchtest.

Dann blättere irgendeine Seite dieses Buches auf und fang an zu lesen, – nur ein paar Sätze. Versuche es wirklich, ein- oder zweimal!

Falls Du nichts gefunden hast, was Dich betrifft oder berührt und zum Nachdenken anregt, dann leg dieses Buch weg. Es würde Dich nur langweilen, und Du würdest die Zeit vergeuden.

Falls Dich ein Wort, ein Satz, ein Gedanke oder ein Bild aufhorchen ließ und in Dir eine Stimme wie eine Melodie wach wurde und weiter klingt, dann gehe ihr nach.

Du hast eine kleine Gemeinsamkeit entdeckt. Vielleicht sagst Du: »Das habe ich auch schon gedacht oder erlebt!« Oder: »Ich denke anders darüber, ganz anders.« Oder: »Ich möchte etwas dazufügen.«

Wenn Du das spürst, dann erahne die kleine Gemeinsamkeit zwischen Dir und mir und dem anderen, der auch dieses Buch liest, auch wenn Du ihn nicht kennst.

Dieses gemeinsame Erkennen, so gering es auch sein mag, birgt die große Hoffnung auf die Einheit unseres Lebens, die wir ersehnen. Ohne sie können wir nicht leben. Wenn Du auch auf der Suche nach der Einheit Deines Lebens bist, wenn Du den Bruch in vielen Bereichen Deines Lebens verspürst, wenn Dir scheint, als wäre jede Gemeinsamkeit mit den Menschen, der Schöpfung und Gott aus Deinem Herzen und aus Deinen Augen gefallen, dann wirst Du hinter all der Einsamkeit und Gespaltenheit den tiefen Wunsch nach der Einheit des Lebens verspüren.

Dieses Buch ist langsam gewachsen aus vielen Gesprächen, Briefen, Meditationen und Gebeten. Gedanken und Erkenntnisse, die ich auf meinem gemeinsamen Weg mit vielen anderen Menschen als richtig und wichtig erkannt habe, halfen mir selbst in meiner Lebenssituation. Es war ein mühsames Schauen, Hören und Wahrnehmen, bis sich die kleinen Steinchen eines Mosaiks allmählich zusammenfügten.

Mir ist bewußt, daß das Bild des Mosaiks noch nicht fertig ist. Noch fehlen sicher manche wesentlichen Teile. . . Sie müssen wohl durch Dich selbst und Dein Herz eingefügt werden.

Deshalb darfst Du auch nicht die Darstellung eines geschlossenen philosophischen oder theologischen Systems erwarten. Ich wollte eher ein Arbeitsbuch für das Leben schreiben, das auf jeder Seite sehr viel Platz frei läßt für eigene Gedanken und Ideen. Manches wirst Du verändern müssen oder wollen. Ich hoffe, daß dieses Buch dann Dein Buch wird. . .

Ich möchte mit Dir ein Gespräch beginnen. Deshalb habe ich auch die persönliche Anrede des »Du« gebraucht. Die Form soll mit den Inhalten eins werden. Sie sind ja aus Gesprächen und Überlegungen mit Freunden und Schülern entstanden.

In diesem Buch werden Dir sicher Gedanken begegnen, die Dir fremd sind und Deinen Widerstand hervorrufen. Beachte diese inneren Bewegungen genau, welche Richtung und Wegweisung sie Dir geben. Du kannst sie ablehnen oder dagegen kämpfen, Du kannst sie im Herzen erwägen und überdenken. Du kannst aber auch zu neuen Schlüssen finden. Vielleicht zeigt der Widerstand neue Erkenntnissee und Möglichkeiten für Dich auf.

Dieses Buch ist zusammengetragen worden aus vielen kleinen Steinen, die ich auf meinem Weg allein und oft mit anderen gefunden habe. Ich konnte mit diesen Erkenntnissen meinen Lebensauftrag verantwortlicher bewältigen. Bei all meinem Handeln erlebe ich mich aber selbst jeden Tag als einen Menschen, der zwar guten Willen hat, aber hinter dem als gut Erkannten immer wieder zurückbleibt. Die Verwirklichung meiner eigenen Einsichten erfordert wohl mein ganzes Leben.

Ich habe versucht, die Gedanken so einfach wie möglich darzustellen. Und, ich möchte sie Dir, dem Leser, anvertrauen, damit Du sie weiterführen und ergänzen kannst.

Manche Gedanken wiederholen sich oder beleuchten eine Sache von mehreren Seiten. Mir sind diese Einsichten dann so wichtig, daß ich sie immer wieder sagen möchte. Ich habe nämlich selbst erlebt, daß es gelingt, das Schwierige zu bewältigen, wenn ich immer wieder versuche, die einfachen Einsichten zu verwirklichen.

Wenn Du selber auf dem Weg bist, dann höre und lausche auf die innere Stimme in

Deinem Herzen und folge ihr. Dieses Buch möchte gerne Hilfe dabei sein. Neben den Texten findest Du auch Bilder, die mich selbst in meinem Leben und auf meinem Weg begleitet haben. Ich habe erlebt, daß mich auch Bilder ganz stark betroffen haben. Sie begleiteten mich in meinen Überlegungen, ja ich habe sogar mein eigenes Denken und Handeln nach diesen Bildern ausgerichtet. Am deutlichsten wurde es mir bei dem Bild »Christus und Johannes« (siehe S. 1).

Vor den Bildern waren es aber die Menschen, die mich geprägt haben. Es waren vor allem meine Schüler, die mit mir den Weg des Lernens begonnen haben, die versucht haben, mit mir zu glauben und die sich auf die Schwierigkeiten des geistigen Weges eingelassen haben. Viele meiner Gedanken verdanke ich ihrem Leben. Dann waren es auch noch Menschen, mit denen ich Schwierigkeiten hatte. Menschen, die mich ebenso geprägt haben wie meine Freunde. Ich habe erkannt, daß gerade sie es sind, die mir entscheidende Hilfen gegeben haben. Jeder Widerstand war für mich ein Aufruf, über mich und mein Leben, über Gott und diese Welt nachzudenken. Sogar die Menschen, die mir Hindernisse in den Weg gelegt haben, wurden mir Lehrer und Begleiter. Ich hatte zwar große Mühe, dies zu begreifen, aber je öfter ich in meinem Herzen die Angriffe von außen aufnehmen konnte, desto leichter wurde auch die Lösung eines Problems.

Zwei Namen aber möchte ich unter den vielen nennen, denn sie haben mich entscheidend geprägt.

Abt Emmanuel Heufelder von Niederaltaich, der mich 14 Jahre auf den geistlichen Weg führte, hat mich gelehrt, an Gott zu glauben und auf ihn zu vertrauen. Er hat mich durch die geistigen Höhen und Tiefen hindurchgeleitet und war mir ein liebevoller Vater. Es ist sein Verdienst, daß ich gelernt habe, zu glauben, zu hoffen und zu lieben.

Ruth Cohn, hat mich über lange Jahre hinweg gelehrt, wie ich aufgrund meiner inneren Überzeugungen und meines Glaubens menschlicher mit Menschen umgehen kann. Sie hat mir pädagogische und psychologische Einsichten so vertraut gemacht und mir ein Handwerkszeug des Herzens und des Verstandes an die Hand gegeben, mit dem ich vieles klarer erkennen, das Schwere leichter bewältigen und das Schöne begeistert aufnehmen konnte. Sie hat mir neben großem Können vor allem die inneren Werte vermittelt, ohne die Arbeit und Zusammenleben der Menschen unmöglich ist.

Mit Hilfe dieser beiden Menschen und mit der Hilfe vieler anderer habe ich gelernt, mit Freude Benediktiner zu sein. Alle meine Gedanken kehren immer wieder zur Regel des heiligen Benedikt zurück, dem ich durch meinen Ordensberuf als Benediktiner tief verbunden bin.

»Daß in allem Gott verherrlicht werde«, fordert er in seiner Regel. Dieses Buch soll ein Beitrag sein, daß die Herrlichkeit Gottes erfahrbar und lebbar wird. Ich danke vor allem anderen Gott, dem allmächtigen Vater, für seine liebevolle Führung und seine Treue, die ich in meinem Leben immer wieder erfahren habe.

Ich beschließe dieses Buch am Fest unseres heiligen Ordensvaters Benedikt 1986.

P. Johannes Pausch OSB

Für die Mithilfe bei der Erstellung des Manuskripts und bei der Korrektur danke ich ganz herzlich Stephan Schmatz, Volker Heiduk, fr. Johannes Schimmerl und vor allem Winfried Kain und Charlotte Sengthaler, ohne deren Unterstützung dieses Buch nicht zustande gekommen wäre.

P. J. P.

DAS MENSCHSEIN

Das Geheimnis des Menschseins liegt darin, ganz da zu sein. Jeder Augenblick, den ich erlebe, bindet Himmel und Erde. Als ob ich mit Händen und Herzen, mit meinem ganzen Ich noch einmal meine Geburtsstunde erlebte. In jedem Augenblick ereignet sich dieses Geheimnis neu. Ich kann diesen Augenblick versäumen, kann mich flüchten in meine Wünsche und meine Befürchtungen. – Dann aber versinke ich im Traumland und im Nichts. Wenn ich erwache, ist der Augenblick vorbei. Zurück bleibt das Gefühl der Leere und der Taubheit. – Ich war tot.

Menschsein heißt: Wachsein. Deshalb ist es so wichtig, daß Du Dich immer um diese Wahrheit bemühst, damit Du sie jeden Augenblick erlebst.

vgl. Regula Benedicti Vorwort V. 6 ff.

Die Geschenke des Himmels zeigen sich in diesem Augenblick. Jetzt verändern sich die Gesichter der Menschen, weil Deine Augen anders sehen – und die Musik klingt voller, mit vielen Inhalten, weil Deine Ohren offener sind. Die Wärme der Hände und des Herzens spürst Du intensiver, weil Deine Hände mehr fühlen; weil sie geben und nicht nur nehmen wollen.

Du wirst mich fragen: Wie kann ich im Augenblick leben? – Es ist nicht ganz leicht. Du mußt Geduld haben: mit Dir selbst und den Dingen, die Dich umgeben. Geduld ist der Anfang. Daraus wächst *Freude.* Wenn Du aufhörst, ständig der Vergangenheit nachzulaufen oder Dir die Zukunft auszumalen, dann wirst Du Freude an der Gegenwart empfinden.

Bedenke auch, daß Du nicht den zehnten Schritt vor dem zweiten machen kannst. Alles folgt aufeinander. Die heilige Ordnung Gottes gibt es auch in Deinem Leben.

Wenn Du das berücksichtigst, dann wirst Du dankbar werden. – Und Mevlana Rumi sagte: »Die Dankbarkeit ist der Schlüssel zum Willen und der Urgrund der Freude.«

Mevlana Rumi, persischer Mystiker (13. Jahrh.)

Laß diese Dankbarkeit zu, nicht nur in den Stunden des Glücks, sondern auch in jenen dunklen Stunden, wenn Du einsam oder krank bist. Es geschieht nichts auf dieser Erde, was nicht in den Händen Gottes läge. Manche bösen Erfahrungen, vor allem wenn Du sie durch eigene Fehler gemacht hast, können Dich verleiten, aufzugeben und zu verzweifeln. Und dabei sind sie nichts anderes als Prüfungen für unsere Dankbarkeit! Solange die Sonne scheint und wir Freude haben, ist es leicht, dankbar zu sein. Aber es wird schwerer, wenn uns Regenwolken umgeben und wir uns unverstanden fühlen bei den Menschen.

Aber gerade dann lasse Dich nicht irre machen. Selbst die verlorenste Situation in unserem Leben, selbst die schwerste Verfehlung trägt in sich den Keim zum neuen, positiven Anfang. Wenn wir diesen Kern aus der Verstrickung des Egoismus, der Zerstörung und des Hasses befreien, kann aus ihm neues Leben wachsen.

Ich habe von *Geduld* und *Dankbarkeit* gesprochen, aus denen die *Freude* entsteht.

Zu ihnen müssen sich Vertrauen und Hingabe gesellen. Eine Wahrheit, die wir nie vergessen dürfen: Weil Gott uns Menschen Vertrauen und Hingabe schenkt, dürfen wir Vertrauen und Hingabe haben. Er hat uns alles anvertraut, diese Erde und den ganzen Kosmos, unseren Körper und alle Geschöpfe. So wie in den vielfältigen kleinen Gesichtern dieser Schöpfung spiegelt sich das Antlitz Gottes auch in Dir.

Wir sind seine Geschöpfe und empfangen alles aus seiner Hand. Warum solltest Du also beunruhigt sein? Die großen geistlichen Lehrer konnten mit den wilden Tieren spielen, weil sie selbst in den wildesten Geschöpfen einen Teil der grenzenlosen Liebe Gottes sahen. Manche von ihnen vertrauten sich sogar Löwen und Bären an, weil sie ihre eigene Wildheit erkannt und angenommen hatten.

Nimm Dich also selbst an; und gib Dich ganz Dir selbst hin. – Erkenne Dich selbst! In den Seelenwinkeln Deines Herzens wirst Du dunkle Seiten entdecken: Grausamkeit, Haß, Verzweiflung, Mißtrauen, Stolz und Ablehnung, Neid und Bitterkeit. Aber sonne Dich nicht in Deiner Schlechtigkeit!

Mitleid wird Dir nicht helfen; am wenigsten Selbstmitleid. Betrachte dagegen alle Deine Seiten genau und hilf Deinen Sehnsüchten, sich zu befreien. Alles, auch das Verkehrteste, ist letztlich ein Aufschrei nach Liebe, ein Aufschrei nach Ihm, der uns das Leben gibt. Der Mann, der von seiner Frau betrogen wird und deshalb trinkt, sehnt sich genauso nach Liebe, wie sie auch.

Der Dieb, der sich ein Halsband klaut, will damit Liebe erreichen, wie der Egoist, der nur sich selbst aber seinem Freund nichts gönnen kann. Der Betrüger versucht, Deine Zuneigung mit Lügen zu gewinnen, weil er Angst hat, daß Du ihn so, wie er wirklich ist, nicht lieben kannst.

Und wir selbst? Uns geht es doch ähnlich. Mit allem, was wir tun, versuchen wir, die Liebe der Menschen oder die Liebe Gottes zu erlangen. Hüten wir uns aber davor, in

Neid, Stolz und Ablehnung zu verharren: Sie vergiften die Seele und zerstören Leben. Sie verhindern Dankbarkeit, untergraben das Vertrauen und machen uns unfähig zur Hingabe.

DER STOLZ

Der Stolz ist die Haltung, die sich selbst überschätzt. Du bist dann unnahbar und kalt. Wissen und Intellekt lassen Dich überheblich werden. Das »Du« wird zum Objekt, zum Benützungsgegenstand degradiert und Dein Wille und Durchsetzungsvermögen werden stark. Stolz bist Du dann, wenn Du in der Haltung des Pharisäers ganz vorne stehst und sagst: »Gott sei Dank, daß ich nicht so bin, wie die übrigen. . .« Der Stolze *vgl. Lk. 18,10 ff* spricht nicht mehr mit dem anderen. Er redet nur noch von sich, bewundert sich selbst und läßt sich bewundern. Im Grunde seines Herzens aber ist der stolze Mensch unsicher. Deshalb baut er eine Mauer, eine Fassade der Kälte um sich herum auf. Niemand darf ihm zu nahe kommen! Seine Schultern sind hochgezogen, seine Augen irren ziellos umher. Trauer und Lächeln läßt er nicht mehr zu, denn sein bestes Werkzeug ist der Kopf – aber sein Herz ist krank. . .

Weißt Du, wie schwer es ist, Dich zu lieben, wenn Du stolz bist? Am Eisklotz, der Dich umgibt, muß ein Herz, das anklopft, erfrieren, wenn es in Deine Nähe kommt.

Wenn Du einsam bist, dann frage Dich zuerst, ob Du nicht zu stolz bist, auf einen anderen zu hören oder ein Stück des Weges mit ihm zu gehen. Und denk' daran: Oft ist der Stolz nur eine Mauer, um Dich selbst zu schützen.

Eine Wurzel des Stolzes ist immer die Angst, – die Angst, zu sich selbst in Wahrheit zu stehen. Denn die Wahrheit fordert immer Deine Demut.

DER NEID

Der Neid hat seine Wurzel in mangelndem Vertrauen zu sich selbst. Wenn Du im Herzen spürst, daß Du einem anderen etwas mißgönnst, dann bist Du neidisch. Du bist nicht mehr mit dem zufrieden, was Du bist und hast. Du möchtest mehr. Diese Habsucht richtet sich nicht nur auf äußere Dinge, sie betrifft auch innere Vorzüge. Du zweifelst dann an der Weisheit Gottes. Hat er nicht auch Dich vollkommen und gut geschaffen? Vergleiche Dich daher nicht mit einem anderen. Nimm' ihn als einen Teil von Gottes Schöpfung, zu der auch Du gehörst. Je schöner ein Mensch, mit dem Du leben darfst, desto leuchtender auch Deine Schönheit: je größer die Weisheit dessen, der Dir raten will, desto mehr Weisheit auch in Deinem Herzen! Die Freude und der Erfolg Deines Bruders oder Deines Kameraden werden auch Deine Freude und Dein Erfolg, wenn Du Dich mit ihm freuen kannst.

Wir sollten niemals jemanden um seine Erfahrungen beneiden. Der Neid hindert uns daran, selbst Erfahrungen zu machen, die uns jeden Augenblick geschenkt werden können.

Laufe also nicht dem, was der andere ist oder hat, hinterher. Du vergeudest Deine Zeit nutzlos und mißachtest Dich selbst und die Geschenke Gottes.

Der Neid will besitzen. Er ist voll Habsucht, die nach Äußerem geht und schaut. Die Liebe, die Du Dir erkaufst, ist leer und schal und wird Dein Herz leer lassen, selbst wenn Du noch so viele äußerliche Vorteile und Annehmlichkeiten hast.

Wer neidisch ist, wird letztlich arm bleiben. Darum ändern viel Geld und Erfolge nichts! Denn dem Neidischen zerfressen die Motten die Kleider, fressen die Mäuse das Korn und die Sorgen zerstören sein Herz. Wenn Du aber reich sein willst, dann fange an zu schenken: – nicht nur mit den Händen, sondern vor allem mit Deinem Herzen.

DIE ABLEHNUNG

Dies alles kann Dir nur dann gelingen, wenn Du aus Dir das Gefühl der Ablehnung verbannst, das jede gute Regung des Herzens zerstört. Die Ablehnung sagt: Nein! – Das ist die Auflehnung gegen Gott, die Zerstörung seiner Schöpfungsordnung.

vgl. Mk. 7,37 *Er hat alles gut gemacht.*

Glaub daran und nimm seine Geschenke an, auch wenn Dir manchmal die Hände dabei schmerzen.

Ja, das Gute anzunehmen ist oft genauso schwierig, wie das Schwere anzunehmen. Und oft ist es leichter, die Schwächen und Fehler eines Menschen zu ertragen als seine guten Seiten und Vorzüge. In guten Zeiten mag das noch gelingen; viel schwerer aber wird es für Dich sein, wenn Du müde, krank, oder verzagt bist. Meist lehnst Du Dich dann selbst ab, kannst Dir das aber nicht zugestehen! Daraus folgt automatisch: Du kritisierst am anderen das, was Du an Dir selbst zurückweist und Dir nicht wagst zuzugestehen. Mit der Ablehnung verneinst Du deshalb eigentlich Dich selbst. Immer wenn Du Deinen Bruder oder irgendein Geschöpf dieser Erde ablehnst, verleugnest Du in Wirklichkeit Dein eigenes Wesen, das sich nur im anderen zeigt oder wiederfindet.

Die Ablehnung kann viele verschiedenen Formen haben: Zum Beispiel Dein Mißtrauen gegen Dich, wenn Du vor einer schwierigen Schulaufgabe verzagst. Sie zeigt sich auch in der schwerfälligen Kopflastigkeit; dann nämlich, wenn Du zuerst mit Deinem Verstand alles durchschauen willst, obwohl Dir Dein Herz längst den richtigen Weg gezeigt hat. Die Ablehnung tönt aus vielen leeren Reden, die so oft von Dir zu hören sind: Ich kann nicht; ich will nicht; ich verstehe nicht; ich weiß nicht. . .

Sie zeigt sich in vielen Ausreden und Versprechungen, benützt Notlügen und lebt davon, das Wesentliche zu vergessen und Unwesentliches hervorzuziehen. Sie entschuldigt Fehler als Kavaliersdelikte und versucht, die Verantwortung auf andere zu schieben.

Immer dann, wenn Du Dich hinter Äußerlichkeiten, hinter Gesetzen oder Regeln verbirgst, wenn Du Dich mit ihnen herausredest, kannst Du nicht zu Deiner inneren Wahrheit stehen.

Lehne das Leiden und den Schmerz nicht ab. Auch sie gehören zu Dir und Deinem Menschsein. Sie machen Dich lebendiger und reicher, weil sie Dich von vielen Schlacken und Halbwahrheiten läutern und der Liebe neuen Raum geben.

VON DER KINDHEIT

Wir waren beide einmal Kinder und tragen Last und Freude dieser Kindheit mit uns durchs ganze Leben. Seit Du gezeugt wurdest im Leib Deiner Mutter, prägen sich in Dich Lebenserfahrungen ein, die Dich Dein ganzes Leben begleiten. Seit Du Mensch geworden bist, begleitet Dich Gott mit seiner Liebe. Er war immer da, mehr als Du je erahnen konntest. Und so bist Du Deinen Weg gegangen. Wie auf einer leeren Matrize gravierten sich die Ereignisse ein. Viele verschwanden im Unterbewußtsein und leben dort weiter. Wenige sind Dir noch bekannt. Doch alles wächst und zeigt sich meist in veränderter Form in Deinem Leben und Erleben.

Deine Kindheit prägt Dich. Viele Handlungen, Ängste, Freuden, Dein Umgang mit anderen und Dein Glaube an Gott wurden in den ersten Lebensjahren in eine bestimmte Richtung gelenkt. Willst Du die Richtung jetzt ändern, dann gibt es keinen anderen Weg: Du mußt wieder in Deine Kindheit zurück – und wenigstens erahnen, was damals geschehen ist. »Wenn Du nicht wirst wie ein Kind, kannst Du nicht in das Himmelreich eingehen.« Dieses Bibelwort scheint mir ein Hinweis darauf zu sein, daß wir zurückgehen müssen, um unser Heil zu erlangen.

vgl. Mt. 18,3

Kindheit. Da hast Du gespielt. Du konntest lachen und weinen, Deine Gefühle zeigen und erstmals erleben, daß andere sich mit Dir freuen und mit Dir trauern können.

Da war auch Nachbars Lumpi, Dein Freund und Spielgefährte. Er wurde vom Auto überfahren, gerade als er zu Dir laufen wollte. Schrecken und Trauer waren damals groß, aber in den Armen der Mutter konntest Du Dich trösten. Die Wunden in Deinem jungen Herzen heilten und mußten nicht vernarben. Wäre das anders, würden sie heute wieder aufbrechen, obwohl Du den kleinen Hund und den Schrecken doch lange vergessen hast.

Da war die Großmutter, die immer wieder das Märchen von den sieben Geißlein erzählte. Mit ihr konntest Du weinen, wenn vom bösen Wolf alle gefressen waren. Alle, – bis auf eines, von dem Du wußtest, daß es sich im Uhrkasten versteckt hatte. Daraus hast Du Hoffnung geschöpft, daran hast Du geglaubt. Und damals hat sich in Dir eingeprägt, daß nie alles verloren geht und daß es trotz allem Leid immer eine Hoffnung gibt, – auch in Deinem Leben!

Und dann hat man Dich hoffentlich auch das Beten gelehrt und Dir von Gott erzählt und seinen heiligen Engeln, die Dich beschützen, den Schrecken der Nacht vertreiben und Dich ruhig schlafen lassen: – trotz der Schmerzen, die ein Kinderherz bewegen.

Es gibt aber leider Kinder, die niemand getröstet hat in ihrem Schmerz. Sie können dann als Erwachsene keinen Trost finden. Sie können nicht glauben, daß es einen Ausweg gibt, wenn sie einen Menschen verloren haben, der ihnen Freund und Kamerad war.

Vielleicht kennst Du Situationen, in denen Du voller Verzweiflung bist, weil das Leid zu groß scheint. Dann frage Dich, ob Du nicht jetzt lernen mußt, wie ein Kind zu glauben. Zu glauben, daß das siebte Geißlein doch im Uhrkasten sitzt und Dir in Deinem Leid Hoffnung bringt. . .

Oder Du zweifelst an Gott und kannst nicht mehr beten. Vielleicht hast Du es nie gelernt. Kann es sein, daß Dich betende Menschen sogar abgestoßen haben? – Dann ist jetzt die Zeit da, wieder beten zu lernen. Laß Dich an der Hand nehmen wie ein Kind und scheue Dich nicht, mit unbeholfenen Worten zu beten. Gott liebt die Gebete seiner Kinder, auch wenn diese schon älter sind!

Deine Kindheit hast Du nie abgeschlossen. Du bleibst Kind Deiner Eltern ebenso, wie Du ein Kind Gottes bleibst. Wenn Du Angst davor hast, diese Kindheit neu anzunehmen, frage Dich, ob Du nicht schlechte Erfahrungen in Deiner Kindheit gemacht hast. Es kann sein, daß Du nie ernst genommen, daß Du immer kindisch behandelt wurdest.

Vielleicht wurdest Du in Abhängigkeit gehalten oder geschlagen oder »verzogen« oder mit Affenliebe gefüttert. . .

Du brauchst keine Angst zu haben, daß Gott sich so verhält wie schlechte Eltern. Er läßt Dir Freiheit und Entwicklungsraum. Er zeigt Dir einen guten Weg, den Du voll Vertrauen gehen kannst; – Sicher, wie ein Kind an der Hand des Vaters.

Mach Dir keine Schuldgefühle, wenn Du Dich von seiner Hand löst und versuchst, eigene Wege zu gehen. Auch dann nicht, wenn sie schlecht erscheinen. Seine Gnade und sein Segen begleiten Dich und sind auch in der Verlassenheit und Sünde mit Dir.

Und wenn Du Dich wieder ihm zuwendest, wirst Du in seine offenen Vaterhände fallen, die Dir ein Festmahl bereiten. Wie dem »verlorenen Sohn«, der nach Hause zurückkehrt. Aber das kann nur das Kind eines Vaters begreifen. Niemand anders sonst kann solche Liebe verstehen.

Wenn Du ein Kind siehst oder selbst Kinder hast, dann geh' behutsam mit ihnen um. In ihnen begegnet Dir Deine eigene Kindheit. Wenn Du dem Kind hilfst und seinen Schmerz linderst, wenn Du es auf seinem Weg ein wenig begleiten darfst, dann erlebst Du ein Stück Deiner eigenen Kindheit wieder und kannst sie bewältigen. Denn sooft Du eine Freude mit ihm teilen lernst, genauso oft wird Deine Kindheit lebendig. Du hilfst selbst, Deine Wunden zu heilen, und befreist Dich aus dem Netz der alten, ungelösten, eigenen Verstrickungen.

Laß Dich mit Deiner eigenen Kindheit versöhnen, wenn Du selbst wieder zum Kind wirst. Das Himmelreich ist dann nahe, denn in ihm werden wir Kinder Gottes sein.

VOM LEHREN UND LERNEN

Willst Du Mensch werden, dann mußt Du das Menschwerden lernen. Dieser Lernprozeß wird Dein ganzes Leben anhalten, und sogar das Sterben will gelernt sein. Lernen – in einem umfassenden Sinn – ist ja mehr als Speichern von Daten und Zahlen. Wenn Du wirklich lernst, dann gewinnst Du etwas für Dein Leben. Du wächst und wirst freier. Wenn Du dagegen nur leere Buchstaben lernst, dann wird Dein Herz leer bleiben. Lernen ist ein Teil des Lebens. Es muß Dich in Deinem Verstand und Deinem Herzen weiterbringen. Deshalb achte darauf, wie und was Du lernst, damit Dein Leben nicht zugrunde geht. Vielleicht denkst Du, daß manche Menschen, vor allem Jugendliche, nicht mehr lernen wollen. Sie brechen ihre Ausbildung einfach ab und versuchen, einen anderen Weg zu gehen. Ich habe aber noch nie einen Jugendlichen gesehen, der nichts mehr lernen wollte. Hingegen kenne ich viele, die nur das nicht mehr lernen wollten, was ihnen von Lehrern und Lehrplänen vorgesetzt wurde. Oft wird uns ja nur »totes« Wissen vermittelt – und Jugendliche wehren sich dagegen. Sie wollen »lebendiges« Wissen erfahren. »Tot« wird das Lernen, wenn der Mensch hinter der Sache, um die es geht, nicht mehr faßbar ist.

vgl. Regula Benedicti Vorwort, 45

Wesentlich leichter lernst Du, wenn Du abstrakte und »trockene« Fakten mit einem Menschen verbinden kannst. Es ist ein Glücksfall für Dich, wenn Du in einer Gemeinschaft oder einer Gruppe lernen darfst. Das heißt nicht, daß Du Dich nicht allein um eine Aufgabe bemühen sollst. Aber die Bindung an andere motiviert Dich, für Dich selbst mehr zu lernen. Es schafft Dir große Freude, in einer Gemeinschaft, allein oder auch zusammen mit anderen, Aufgaben zu lösen. Auch für das Lernen gilt, was Jesus sagt: »Wo zwei oder drei in meinem Namen versammelt sind, da bin ich mitten unter ihnen.«

vgl. Mt. 18,20

Zum Lernen gehört deshalb immer ein Lehrer. Ob er nun anwesend ist oder nicht – seine Persönlichkeit und sein Einfluß bestimmen Dein Lernen. Viele Menschen, aber auch Dinge und Ereignisse können Dein Lehrer werden.

Ein Spiel kann ebenso lehren wie ein Kind oder ein alter, gebrechlicher Kranker. Ein

Baum kann uns viel vermitteln, genauso wie ein Fluß, ein Lied oder eine Symphonie. Die Geschichte ist ein Lehrer und unsere Träume und Wünsche sind es ebenfalls.

Auch Du selbst bist ein Lehrer in der Schule des Lebens, selbst wenn Du in keinem Schulzimmer unterrichtest. Du begegnest Menschen, die auf der Suche nach einem Lehrer sind. Vielleicht mußt Du diese Aufgabe übernehmen für kürzere oder längere Zeit.

Sie ist nicht leicht zu erfüllen. Prüfe deshalb genau, ob Du es wert bist, einen Schüler zu haben und ob Du bereit bist, ihm etwas von Dir zu geben. Dann mach auch Dich selbst zum Lehrstoff.

Du selbst bist nicht so wichtig. Wichtiger ist die Person des Schülers, um die es geht. Aber Du darfst ruhig Dein Leben lehren, mit all seinen Erfolgen und Schwächen, wenn Du dann Deinem Schüler auch einen anderen Weg zugestehst, als Du ihn selbst gegangen bist. Es könnte ja sein, daß Du ihn lehren sollst, nicht Deinen, sondern seinen Weg zu gehen. . .

Vertrete mit Überzeugung Dein Wissen, Deine Einsichten und Gefühle. Doch erinnere Dich daran, wie sehr Du heute über Detailwissen lächelst, das Du selbst einmal für die letzte Wahrheit gehalten hast. Versuche daher nie, andere zu Deinen Ansichten zu überreden oder gar zu zwingen. Deine Schüler werden sonst zu Marionetten, die Dein Denken und Handeln übernehmen, – ein billiger Abklatsch Deines eigenen Wissens. Hab' Ehrfurcht vor dem, was Du lehrst, sonst werden Dich Deine Schüler nicht ernst nehmen und Dein Wissen als belanglos abtun.

Und sei ihnen gegenüber liebevoll und geduldig. Du mußt Verständnis für sie haben, auch wenn sie nichts wissen und nichts wissen können. Du sollst sie ja etwas lehren!

Sie können es nicht von selbst, oder beim ersten und zweiten Mal schon verstanden haben.

Rechne nicht nur mit der Unwissenheit der Schüler, sondern auch mit Deiner eigenen Begrenztheit. Du bist weder in Deinem Fach, noch als Mensch unfehlbar. Ein guter Lehrer nützt sein Wissen und seine Stellung nicht aus, um Herrschaftsansprüche oder Macht auszuüben. Er weiß, daß er die Pflicht hat, sein ganzes Können und seine Autorität zum Wohl der Schüler einzusetzen.

vgl. Regula Benedicti Kap. 2,23 ff

Es ist nicht so leicht zu begreifen: Fehler und Schwächen sind eigentlich Arbeitsfeld und Reifungschance für Lehrende und Lernende. Dabei darfst Du aber die Fehler nicht übersehen, sie bagatellisieren oder übertreiben. Sie helfen Euch, Fortschritte zu machen, wenn Du mit Deinem Schüler lernst, sie sachlich zu bearbeiten. Oft haben sachliche Fehler persönliche Ursachen. Versuche, diesen auf den Grund zu kommen, ohne die persönlichen Gefühle zu mißachten oder zu verletzen.

Dein Lehren soll dem Leben dienen und dem Wachstum. Stelle Dich also bewußt und entschieden allen Kräften entgegen, die Leben zerstören. Prüfe Deine Motive und Deine Absichten bei allen Handlungen.

Manchmal noch wichtiger als die Wissensvermittlung ist die Bildung des Herzens und der Seele. Du bist Lehrer der lebendigen, der beseelten Schöpfung und Du bist ihr verpflichtet. Deshalb versuche, die innere Situation Deiner Schüler zu erahnen. Hilf ihnen, ihr Herz zu bilden! Fördere ihre Seele, das ist wichtiger als äußere Erfolge und Leistungen. Wenn Du diese Gabe hast, dann sei noch behutsamer und verantwortungsbewußter, denn die Seele ist bildsam und verletzlich.

vgl. Regula Benedicti Kap. 2,31 ff

Du wirst die Erfahrung machen, daß Deine Schüler auch Deine Lehrer sind. Sie lehren Dich, ein wirklich guter Lehrer zu sein. Wie könntest Du lehren, wenn Du keine Schüler hättest, die Dir die Möglichkeit dazu geben?

Sie öffnen ihr Herz und zeigen Dir einen, wenn auch oft verschlüsselten Weg, um zu ihnen zu gelangen. Sie lehren Dich Geduld und die Fähigkeit, mit Mißerfolgen umzugehen. Sie schenken Dir ihre Aufmerksamkeit und zeigen Dir durch ihr Verständnis, was Du mehr beachten sollst.

Bedenke vor allem, daß nur einer unser Lehrer ist: Gott selbst. Wir alle sind vor ihm Schüler. Er wird Dir helfen, die Verantwortung zu tragen und mit Deinen Schülern von ihm zu lernen – liebevoll und gütig.

Länger als Du lehrst, wirst Du selbst ein Lernender, ein Schüler sein. Dein Leben ist eine Schule, in der Du immer wieder menschlichen Lehrern begegnen wirst. Und noch einmal: Es gibt nur einen wirklichen Lehrer: Gott selbst durch Jesus Christus.

Laß Dich deshalb nicht verführen von Lehrern, die nicht von Gott, sondern von den unnützen Dingen dieser Welt reden, oder nur von sich selbst. Ihre Lehren führen zum Tod.

Sie blenden Dich mit schönen, wohlgesetzten Worten und Schmeicheleien und wollen nur ihr eigenes Ansehen mehren. Ihre Gier nach Geld und Besitz verrät sie. Sie suchen Äußerlichkeiten zu verändern, starten große Aktionen und nehmen gerne öffentliche Ehrungen an. Die Bewegung Deines Herzens und Dein Glaube interessieren sie nicht, ja sie mißachten sogar Dein Inneres und Dein geistliches Anliegen.

Prüfe also den, der lehrt, ob seine Lehre mit seinem Leben, seine Worte mit seinen Taten übereinstimmen; dann entscheide Dich für ihn als Deinen Lehrer.

Manchmal kann es allerdings geschehen, daß Du einen schlechten Lehrer annehmen mußt. Auch er kann Dich Dinge lehren, die für Dein Leben wichtig sind. Deshalb verurteile seine Lehre nicht, sondern distanziere Dich von seinem Leben und Tun.

vgl. Regula Benedicti Kap. 4,61 u. Kap. 2,11 ff

Wenn Du aber einen guten Lehrer gefunden hast, dann vertraue Dich ihm ganz an. Lernen kannst Du nur in einer ganz engen Beziehung zu ihm. Du wirst annehmen, daß Du unter ihm stehst, ohne in Abhängigkeit zu geraten.

Lerne zu hören und Dich den Aufgaben, die Dir gestellt werden, hinzugeben. Bring Deinem Lehrer und dem, was er Dich lehrt, Ehrfurcht und Liebe entgegen. Wenn Du an ihm menschliche Fehler und Schwächen entdeckst, dann laß Dich nicht verwirren. Wenn seine Liebe und sein Herz größer sind, dann kannst Du auch daraus lernen.

Versuche, praktisch zu lernen und das Gelernte in Deinem Leben zu verwirklichen. Wenn Du etwas mit Deinem Verstand und Deinem Herzen begriffen hast, dann wird sich Dein Leben von selbst verändern.

vgl. Regula Benedicti Vorwort 46 ff

Und verliere nicht gleich den Mut, wenn Du schwere Aufgaben und Prüfungen bekommst, sondern stärke Deinen Glauben und Dein Vertrauen. Es gibt nichts auf dieser Welt, was nicht wichtig für Dein Leben sein könnte. Oft ist gerade das Entfernteste, das Unbequemste, Mühsamste, das Rauhe und Harte entscheidend für Dein Leben. Denk an die Freude, die Dich erfüllt, wenn Du Unbegreifliches und Schwieriges gelernt und verstanden hast. Dein Leben wird dann reich und schön, weil Dir auch die entfernten Dinge ganz nahe sind.

Denk daran, daß Gott selbst, der ganz andere und unbegreifliche, das letzte Ziel Deines Lernens ist. Wenn Du Dich schon gegen menschlich schwierige Dinge wehrst, wie sollst Du dann das unbegreifliche Geheimnis Gottes erahnen lernen?

Wenn Du lernst, dann gehst Du Schritt für Schritt auf die Einheit Gottes zu. Er ist das Ziel all Deiner Mühen, und viele kleine Schritte sind dazu nötig. Oft wirst Du Nebensächlichkeiten erlernen müssen. Sie sind kleine Bausteine auf dem Weg zu ihm, den Du nie aus den Augen verlieren darfst.

Höre nicht auf zu lernen – bis zu Deinem Tod. Er soll Dich wach finden, damit Du noch so beweglich bist, den letzten Schritt zu ihm hin zu tun. Dann wird er Dich wie ein guter Lehrer auf Deinem letzten Weg begleiten und Dich in Freiheit den letzten Schritt allein tun lassen. Wenn Du das Lernen gelernt hast, wird Dir dieser Schritt so selbstverständlich vorkommen wie alle anderen vorher in Deinem Leben. Sie waren alle Schritte zur Vollendung.

ÜBER FREIHEIT UND BINDUNG

Du sehnst Dich danach, frei zu sein. Es ist ein Bedürfnis des Menschen und Du wirst Dich Dein ganzes Leben lang darum bemühen müssen. Aber du kannst Dich noch so anstrengen, entgültige und absolute Freiheit kannst Du in diesem Leben nie erreichen.

vgl. Regula Benedicti Kap. 1

Gott selbst schenkt Dir diese Freiheit! Doch es wird immer eine Freiheit sein, die an dieses Leben gebunden ist. Ganz frei wirst Du erst sein, wenn Du in Einheit mit Gott leben kannst.

Freiheit ist Liebe. Ohne Liebe gibt es keine Freiheit. Gott hat die Menschen so sehr geliebt, daß er Ihnen die Möglichkeit gegeben hat, sich sogar gegen ihn zu entscheiden. Die Möglichkeit zur Sünde, zur Abwendung von Gott, wird somit Zeichen Deiner Freiheit. Die wahre Freiheit aber besteht darin, zu Gott zurückzukehren.

Freiheit gibst Du einem Menschen immer dann, wenn Du ihn so sehr liebst, daß Du ihn sogar liebend annehmen kannst, wenn er sich gegen Dich entscheidet. Gott liebt den Menschen – auch Dich – so sehr, daß er sogar die Abwendung annimmt und diese Sünde wieder gutmacht durch Jesus Christus. Er hat ganz in der Bindung an Gott gelebt und konnte so unsere Angst vor der Bindung an Gott aufheben.

So paradox es für Dich sein mag: Freiheit ist ohne Bindung nicht möglich. Je mehr Freiheit Du haben willst, desto mehr mußt Du Dich binden. Du bist dann frei, wenn Du in den Augen der Welt absolut von Gott abhängig geworden bist. Aber das kannst Du nur mit Deinem gläubigen Herzen erahnen.

Frei sein heißt, die Bindung anerkennen und annehmen. Bedenke das in Deinem Leben, in Deiner Ehe, in Deinen Freundschaften, bei Deinen Gelübden.

In der Ehe nimmst Du eine Bindung an, Du stellst Dich unter eine Pflicht, die manchmal sehr schwer zu ertragen ist. Oft wirst Du glauben, ausbrechen zu müssen, um wirklich frei zu sein.

Und doch begegnest Du in der engen Bindung der Liebe, – und diese Liebe macht frei.

Menschen, die einander nicht lieben oder sich hinter einer egoistischen Scheinliebe verbergen, knechten sich gegenseitig. Sie verhindern auf diese Weise ihre Freiheit, und ihre Beziehung hat keinen Bestand, weil sie einander die Freiheit nehmen.

Bindung ohne Liebe ist Knechtschaft und Sklaverei, genauso wie Liebe ohne echte Bindung und Treue nicht möglich ist. Je enger Deine Beziehung zu einem Menschen ist, desto mehr mußt Du ihn lieben. Nur durch die Liebe kannst Du ihm in dieser Bindung Freiheit geben. Und Du selbst kannst Freiheit nur dann finden, wenn Du in einer Beziehung Liebe erfährst. Die Liebe Gottes zu den Menschen muß der Maßstab Deines Handelns sein.

Je mehr Du Dich auf eine Beziehung einläßt, desto mehr Liebe empfängst Du, desto freier wirst Du. Wenn Du Dich bindest, heißt das nicht, daß Du Dich selbst verachtest, im Gegenteil – es bedeutet, daß Du Dich selbst verwirklichst. Selbstverwirklichung ohne Bindung und Liebe führt zum Egoismus. Du selbst wirst dann nur noch Dich und Deine Bedürfnisse sehen, nicht aber die Bedürfnisse des anderen oder die Schöpfung.

Sich binden heißt, die Schöpfungsordnung Gottes, seine Liebe, anerkennen. Und da Du selbst ein Teil der Schöpfung bist, erkennst Du damit auch Dich selbst an. Wenn Du dagegen die Schöpfungsordnung ablehnst, heißt das, daß Du willkürlich mit Dir selbst verfährst, Dich selbst verachtest und Dich und andere in Unfreiheit stürzt. Nimm ein einfaches Beispiel: Fußballspieler müssen ihre Regeln, die Begrenzung des Spielfeldes und die Entscheidungen des Schiedsrichters anerkennen. Wenn sie es nicht tun, wird das Spiel unmöglich. Es ist dann kein Fußballspiel mehr und sie haben nicht mehr die Freiheit, Fußball zu spielen.

Im Leben ist es ähnlich: wenn Du die Spielregeln des Lebens, die Schöpfungsordnung Gottes, nicht anerkennst, wirst Du an der selbst aufgebürdeten Ordnungslosigkeit scheitern und alle Freiheit verlieren.

Laß Dich nicht täuschen von der Meinung, daß Du gezwungen wirst, daß Du keinen freien Willen hast. Gott gibt die Freiheit. Und da er Dich und die Menschen liebt, gibt er Dir die Möglichkeit, auch nach der Zerstörung und Ablehnung seiner Schöpfungsordnung wieder zu ihm zurück zu kehren. Er ist Liebe. Der einzige »Zwang« dem Du unterliegst, ist diese nie endende Liebe. Nur sie kann Dich frei machen.

Da Freiheit eine innere Haltung ist, kannst Du auch frei sein, wenn Du krank, alt, behindert, oder durch äußere Zwänge eingeschränkt wirst. Natürlich scheint es leichter zu sein, ohne Zwänge, ungehindert und gesund zu leben. Aber die Äußerlichkeiten sind nicht entscheidend, da die Freiheit eine Haltung des Herzens ist.

Doch mußt Du anerkennen, daß Du ein Mensch und ein Teil der Schöpfung bist. Je mehr Du Dich so annimmst wie Gott Dich gewollt hat, auch in den größten Schwierigkeiten des Lebens, desto freier wirst Du werden. Je mehr Du den heiligen Plan Gottes in seiner Schöpfung akzeptierst, desto weniger wirst Du unter dem Zwang stehen, alles steuern und lenken zu müssen. Du kannst Dich dann der sorgenden Liebe Gottes anvertrauen.

Deine Seele strebt nach der Freiheit in der Liebe Gottes. Gott will Dich nicht knechten, er will Dich befreien. Deine Seele weiß das und strebt nach dieser Freiheit. Öffne Dich diesem Weg, auch wenn er Dir unsinnig und hart erscheint. Je mehr Du diesen Weg der Bindung an Gott gehst, desto freier wirst Du.

ÜBER GLAUBE UND IDEOLOGIE

Immer wieder wirst Du Deinen Glauben prüfen müssen, ob er echt ist oder ob er nur Vorwand für eine starre Ideologie ist, die den Glauben und den Menschen tötet.

Dein Glaube ist immer in Gefahr zu erstarren und in dieser Maske zur Ideologie zu werden. Das Lebendige wird überdeckt von der Leblosigkeit einer Hülle, die alle Bindungen zur Vergangenheit und zur Zukunft abschneidet. Glaube kann oft beschwerlich sein. Die Dynamik, die er in sich birgt, kann Dich so sehr beunruhigen, daß Du Dich in die Maskerade der Ideologie flüchtest. Äußerlich gesehen hat sich dann nicht sehr viel verändert. Die Formen sind fast dieselben geblieben. Nur die Ausdrucksformen des Glaubens sind lebendig, die der Ideologie erstarrt.

Wenn Dein Glaube zur Ideologie geworden ist, dann wirst Du Dich nur noch um irdische, innerweltliche Angelegenheiten kümmern. Du wirst versuchen, mit Machtansprüchen Dich selbst und andere zu manipulieren. Die materiellen Dinge werden für Dich von großer Bedeutung sein. Du willst Leistungen erzwingen von Dir und von anderen. Der Mensch wird zur Materie oder zum Produkt der biologischen und psychologischen Faktoren. Du versuchst zu manipulieren, ohne daß Du es weißt. Dein Denken und Handeln verengt sich auf die Machbarkeit des Irdischen. Alles muß überprüfbar, meßbar, zählbar und wägbar sein. Deine Scheintoleranz wird zum Versuch der Gleichschaltung von Andersdenkenden werden. Die Meinungen anderer wirst Du ablehnen oder sogar mit einem Verbot belegen. Fehler müssen geahndet und bestraft werden. Du verlierst Deine inneren Wertmaßstäbe und ziehst Dich auf äußere Normen zurück, die durch Sachzwänge objektiviert werden sollen. Dein Denken wird eingleisig und läßt andere und anderes nicht mehr gelten.

Der Glaube nimmt den anderen an, weil er ihm zugesteht, daß auch er von Gott geschaffen worden ist. Entwicklungen, auch wenn sie beunruhigen, sind dann einfach andere Möglichkeiten als die eigenen, führen aber doch immer wieder zum gemeinsamen Ursprung hin.

Dein Glaube richtet sich nicht nach äußeren Normen. Er übernimmt innere

Verantwortung durch die moralischen Werte und wird gestärkt durch die Hoffnung und Liebe. Schwächen, Fehler und Sünden können anerkannt und vergeben werden. Der Glaube verzichtet auf die restlose Absicherung des Denkens und Handelns. Er wird gestärkt durch das Vertrauen und er fordert es.

Der Glaube betet, die Ideologie redet. Der Glaube verzichtet, die Ideologie rafft.

Wenn Dein Handeln und Denken verwurzelt ist im tiefen Glauben, daß Gott unser Leben lenkt und leitet, daß sein heiliger Plan die Schöpfung durchzieht, dann wird Dich nichts mehr beunruhigen können.

Du wirst mit Offenheit und Hingabe das Unvorstellbare annehmen, das nicht mehr berechnet und abgesichert werden kann.

Der Glaube schenkt Frieden, weil Du selbst in Dir Sicherheit gefunden hast. Die Sicherheit kann nicht durch äußerliche Dinge erreicht werden. Sie wird Dir von Gott als Gnade geschenkt.

Achte darauf in jeder kleinen Bewegung Deines Herzens und in Deinen alltäglichen Handlungen.

Glauben heißt nicht, der Willkür und dem Chaos Tor und Tür öffnen, sondern in der Sicherheit und im Vertrauen auf Gott leben.

Wenn Du glaubst, wirst Du Dir selbst und anderen Freiheit geben können. Das heißt nicht, daß Du keine inneren Werte und moralischen Normen mehr vertreten brauchst. Doch Deine Überzeugungen werden dann die Grundlagen Deines Handelns sein, nicht ängstlich festgehaltene äußerliche Normen. Dein Handeln und Denken wird über die kleinlichen, irdischen Angelegenheiten hinausgehen und als Ziel den Glauben an die Transzendenz Gottes und seine Schöpfung haben.

Der Glaube löst Dich von Deiner menschlichen Angst und nimmt Dich hinein in die Freiheit Gottes.

Indem Du das einmal Erreichte festschreibst, zwingst Du Dich selbst in eine Stagnation und Resignation. Das Gesetz und die Norm werden zur obersten Leitlinie Deines Denkens und jede Entwicklung wird unbewußt ausgeschlossen, obwohl Du nach außen hin Bewegung und Fortschritt unterstützen möchtest.

Dieser Prozeß zeigt sich vor allem in der immer stärker werdenden Begrenzung Deines Horizontes. Das Größere, das Unbegreifliche macht Angst, weil es Deine innere Beweglichkeit fordern würde. Das zeigt sich im Umgang mit anderen Menschen: Du wirst Dich und andere leichter anklagen und verurteilen und unvorhergesehene Neuerungen und Entwicklungen werden Dich zutiefst beunruhigen. Du suchst Schutz bei dem bewährten Alten und bemerkst nicht, wie Du Dich selbst hemmst.

Um aus diesem Teufelskreis herauszukommen, mußt Du Deinen Glauben stärken.

Die Grundlage des Glaubens ist das ahnende Wissen, daß es ein Größeres, Weiteres, Unglaublicheres gibt. Der Glaube ist nur möglich, wenn Du Gott selbst anerkennst. Sein Ziel ist geistig und nicht materiell. Glaube ist die Überzeugung, daß der Mensch nicht nur auf seine biologischen, soziologischen und psychologischen Faktoren beschränkt ist, sondern die Möglichkeit hat, seine engen Grenzen zu überschreiten. Die Grundlage für diesen Glauben ist, daß Du die Transzendenz Gottes annimmst, der Dich und die Menschen erschaffen hat. Du bist ein Geschöpf Gottes und innerhalb Deiner menschlichen Begrenztheit bist Du als Individuum frei. Du unterliegst wohl der Prägung, die in Dich hineingelegt wurde, aber Du kannst darüber hinausgehen und Dich weiter entwickeln.

Der Glaube gibt Dir die Freiheit zu einem geistigen Leben. Er wurzelt in der Überzeugung, daß jeder Mensch die Fähigkeit hat, sich selbst auf das »Reich Gottes« hin zu entwickeln. Aus dem tiefen Wissen, daß der Mensch von Gott geschaffen ist und sich auf ihn hin entwickelt, wird die Verantwortung für alle Menschen deutlich.

ÜBER DIE WELT

Der Herr hat Himmel und Erde geschaffen. Sein Atem erhält die sichtbare und unsichtbare Welt. Alles, was ist, hat seinen Ursprung in ihm, in seiner Liebe. Das mußt Du Dir vor Augen halten, wenn Du über die Welt nachdenkst.

Schau Dir die Wunderwerke seiner Schöpfung an und Du wirst vor Staunen verstummen. Seine Werke sind ausgewogen. Ihnen gegenüber sind die Machwerke der Menschen fast immer babylonische Türme, die zu Verwirrung und Streit untereinander führen. *vgl. Gen. 11*

Vielleicht haderst Du mit der Welt und all dem, was auf ihr geschieht. Du siehst das Elend und das Leid, die Verzweiflung und die Hoffnungslosigkeit. Dabei bedenkst Du aber nicht, daß Du es selber bist, der an dieser Welt baut und sie mitgestaltet. Mit Deinem Handeln veränderst Du das Antlitz dieser Welt.

Dein Handeln in der Welt schafft oft Unglück und Leid, vor allem dann, wenn in Deinem Herzen Verwirrung herrscht. Dann spiegelt die Welt Dein negatives Denken, Fühlen und Handeln wider, genauso, wie sie Dein positives Denken und Handeln zeigen kann. Dadurch wird diese Welt zum Zerrbild der Liebe Gottes. Ein Beispiel: Von den Vögeln des Himmels haben die Menschen fliegen gelernt und sogar Flugzeuge ihrer Körperform nachgebaut. Das ist ein Segen; aber er wird zum Verderben, wenn die Flugzeuge mit Bomben bestückt werden. Das Unheil wurzelt im Hochmut unseres Herzens. Gott hat uns die Welt geschenkt, damit wir sie uns untertan machen, nicht um sie zu zerstören. Die Menschen aber, auch Du und ich, haben sich angemaßt, »sein zu wollen wie Gott«. Das bedeutet, daß wir versuchen, über das rechte Maß hinaus, Gottes Schöpfung zu manipulieren. Dieser Allmachtsgedanke, diese Ursünde der Menschheit, ist die Wurzel allen Übels. Nicht der vernünftige Gebrauch der Welt und ihre Entwicklung bringen Verderben. Nein, es ist der Wahnsinn, daß wir selbst uns zum Schöpfer machen wollen.
Durch dieses Versagen haben wir die Welt verdorben und damit Stolz, Neid und Eifersucht im Menschen geboren. Vergessen war die Liebe und die Ehrfurcht vor Gott, den Menschen und der Welt.

Diese entstellte Welt wird jetzt zur großen Verführung für Dich, wenn Du gierig bist nach Reichtum, Macht und Ansehen: Du bist dieser Welt schon verfallen, wenn Du Menschen nur gelten läßt, solange sie etwas besitzen. Dann achtest Du den inneren Wert des Seins nicht mehr im Menschen, sondern nur noch seinen Besitz und sein Können. Äußerlichkeiten und materieller Besitz sind Dir wichtiger, als der Mensch selbst, und Entscheidungen triffst Du nach dem Nützlichkeitsdenken, der Brauchbarkeit und dem Profit, nicht aber nach der inneren Verantwortung. Du stehst jetzt im Gegensatz zur Schöpfung Gottes, und machst selbst die Welt zum Feind für den Menschen und für Dich.

Diese Welt kann nicht durch immer noch fortschrittlichere Techniken geheilt werden. Heilung gibt es nur durch Erlösung. Erlöst werden aber kann diese Welt allein durch das Gebet, durch die immer engere Beziehung zu Gott, durch Leiden (d.h. durch das bewußte Annehmen der Schuld) und vor allem durch die Liebe.

Wenn Du also wirklich in dieser Welt leben willst, kannst Du das nur, indem Du sie annimmst und gleichzeitig so viel Abstand hältst, daß sie Dich nicht erdrückt. Vielleicht hilft Dir die Vorstellung, daß nicht Du die Welt trägst, sondern Gott selbst. Wenn Du Gott, die Schöpfung, sein Wort, Jesus Christus annimmst, dann wirst Du diese Welt gemeinsam mit ihm tragen.

Es wird allerdings notwendig sein, daß Du Dich aus Liebe zur Welt von ihr distanzierst. Wenn Du Jesus Christus auf Deine Schultern nimmst, wie es in der Legende des Christophorus beschrieben ist, dann wirst Du wahrnehmen, daß Du mit ihm auch die ganze Welt trägst. Solange Du Dich dabei ängstlich um einzelne Dinge sorgst, wirst Du nie innere Zufriedenheit finden. Im Gegenteil: Du wirst wahrscheinlich nur Deine Unfähigkeit wahrnehmen. Wenn Du aber in Deinem Glauben Gott in Dir trägst, dann wird auch die Welt in Dir sein.

vgl. Regula Benedicti Kap. 2,35

Die vordergründigen Sorgen, die Kümmernisse, die Unzulänglichkeiten dieser Welt wirst Du dann besser verstehen und akzeptieren. Du bist ja nicht der Träger der gesamten Schöpfungslast. Gott selbst ist es, und er hat uns Jesus Christus gesandt, damit wir nicht unter dieser Last zusammenbrechen.

In Deinen Händen ist die Welt eine ungeheuere Last. Sie wird Dich zu Boden drücken, Dich verwirren und Dir Angst machen. In den Händen Gottes dagegen ist die Welt ein Funken seiner unglaublichen Liebe. Nimm also Gott an und trage die Last – Jesus Christus – auf Deinen Schultern. Dann wird der Funken der Liebe Gottes in dieser Welt durch Dich strahlen.

Der heilige Christophorus aus der Basilika San Clemente in Rom

ÜBER DIE SCHÖPFUNG UND DIE URSACHE DER SÜNDE

Vielleicht fragst Du Dich, – wie viele Menschen – warum Gott diese Erde, diese Welt überhaupt erschaffen hat. Was mag ihn wohl bewegt haben, den Kosmos ins Dasein zu rufen? – Gott, der Allmächtige, der Alleinseiende, der die Liebe ist, konnte von seinem Wesen her diese Liebe nicht für sich behalten. Liebe verströmt sich immer. Aus Liebe hat er die Welt und den Kosmos erschaffen. Alles, was er geschaffen hat, ist durchströmt von seiner Liebe.

vgl. Gen. 1,1–2 In der Schrift heißt es: »Im Anfang schuf Gott Himmel und Erde. Die Erde aber war wüst und leer, Finsternis lag über der Urflut und der Geist Gottes schwebte über den Wassern.«

Der Ausdruck der Liebe Gottes wird sichtbar. Selbst die Verwirrung und das Chaos des Anfangs sind durchströmt von seinem Geist. Er wollte der geschaffenen Welt nicht eine sklavische Ordnung aufdrängen. Deshalb legte er – durch seine Liebe – in sie alle Möglichkeiten der Entfaltung hinein.

Die Liebe ist das Prinzip der Schöpfung. Das bedeutet: Nur wenn Du selbst ein liebender Mensch bist, kannst Du an der Schöpfung teilnehmen. Die Liebe behält nichts für sich. Sie gibt und schenkt sich ganz. Die Welt und die ganze Schöpfung werden so zum Ausdruck der unbegreiflichen Liebe Gottes.

Der Keim, den Gott in seine Schöpfung gelegt hat, ist der Keim der Entwicklung. Lieben heißt: Die Freiheit geben, die Freiheit zur Entfaltung und die Freiheit zur Entscheidung. Echte Liebe hat den Mut, dem Geschaffenen und Abhängigen auch die Entscheidung zuzugestehen, daß das Geschaffene sich gegen den Schöpfer entscheidet.

In der Liebe Gottes liegt die Freiheit begründet. Alle seine Geschöpfe haben die Freiheit der Entfaltung. Gott bevormundet niemanden. Er gibt in seiner Liebe den Freiraum und solange Du ihn innerhalb der Schöpfungsordnung benützt, stehst Du in

Einheit mit dem Schöpfer. Sobald Du aber anfängst, Dich gegen die Schöpfungsordnung zu entscheiden, verstößt Du gegen die Liebe Gottes.

Der Mensch wird immer wieder auf die Erde gestellt. Die Prüfung, der er sich unterwerfen muß, ist die Liebe. In der Schöpfungsgeschichte heißt es, daß die Versuchung an den Menschen herantrat. Sie spitzt sich zu in dem Satz: »Du kannst sein wie Gott.« Die Ursünde des Menschen besteht im Hochmut, in der Maßlosigkeit, in der Selbstüberschätzung. Wenn der Mensch sein eigenes Menschsein, sein Geschaffensein, seine Körperlichkeit verleugnet, wenn er sein will wie Gott, dann entsteht ein Bruch zwischen Schöpfer und Geschöpf, zwischen Leib und Seele. Daß der Mensch sich von seiner Geschöpflichkeit abwandte, und in seiner Überheblichkeit annahm, er sei wie Gott, darin liegt der Urgrund allen Übels. Die Wurzel der Sünde, des Verderbens und des Bösen ist das wahnsinnige Bestreben des Menschen, die Macht Gottes zu haben. Die maßlose Machtgier des Menschen ist die Umkehrung der Liebe Gottes, während Gott selbst seinen Geschöpfen sogar die Freiheit gibt, sich gegen ihn zu entscheiden, weil er sie liebt. Gottes Liebe zeigt sich in der Schöpfung. In ihr wird seine Demut sichtbar. Gott entäußert sich seiner Liebe, um uns und der ganzen Schöpfung Leben zu geben.

vgl. Gen. 3,1 ff

Nach dem Bruch durch den Menschen, nach der Ursünde, strebte der Mensch selbst immer wieder danach, die Einheit mit seinem Schöpfer zu erreichen. Aus eigener Kraft aber war das nicht mehr möglich.

Erst durch Jesus Christus, die Menschwerdung Gottes, durch diesen Akt der Selbstentäußerung Gottes, konnte der Bruch zwischen Gott und den Menschen aufgehoben werden. In jedem Menschen kann sich seither das neu ereignen, wenn er das Wort Gottes in sich aufnimmt und Jesus Christus in sich selbst Mensch werden läßt. Dadurch kommen Heil und Heilung in diese Welt.

vgl. Phil. 2,5–11

In Deinem Leben ereignet sich diese Schöpfungsgeschichte mit jedem Atemzug, – nicht nur bei der Zeugung eines Menschen. Wenn Jesus Christus in Dir geboren wird, kann die Ursache aller Sünde und allen Unheils überwunden werden. In ihm hat Gott selbst Menschengestalt angenommen, in ihm wird die Schöpfung vollendet. In Deinem Leben ereignet sich die Vollendung der Schöpfung, wenn Du die Ursache der Sünde überwindest und Dich hineinstellst in die heilige Schöpfungsordnung Gottes. Sobald Du Maßlosigkeit und Hochmut überwindest und Gott, den Herrn als den Schöpfer aller Dinge anerkennst, wirst Du und in Dir die ganze Schöpfung befreit. Aus Dir selbst wird die Liebe strömen, die Gott in seine Schöpfung gelegt hat. Wenn Du Dich selbst annimmst als ein Geschöpf Gottes und Dich unter seinen heiligen Willen stellst, dann wird Jesus Christus in Dir und durch Dich lebendig werden. Schöpfung geschieht in jedem Augenblick. In jedem Augenblick Deines Lebens kannst Du zur Ursache der

Sünde werden, oder Dich entscheiden, Gottes Liebe anzunehmen.

In den großen Menschen der Geschichte, in den Propheten und Heiligen vieler Religionen, hat sich das Kommen Jesu Christi angekündigt. In ihm aber ist Gott selbst Mensch geworden, durch ihn hat er seine Schöpfung ganz verwirklicht. Alle Menschen vor Jesus Christus und nach ihm leben auf ihn hin. Das größte Anliegen Jesu Christi aber war, die Einheit mit dem Vater wiederherzustellen.

Jesus Christus begegnet uns auch heute. Wenn wir das Wort Gottes ernst nehmen, es in uns lebendig werden lassen, erhält die Schöpfung erneut die Chance, den ewigen Bruch mit dem Schöpfer zu überwinden.

Der Mensch scheiterte an seiner Begrenztheit und erahnte nicht, daß gerade in der Annahme dieser Begrenztheit die Chance zur Befreiung liegt. Wenn Du also glaubst, daß Du von Gott geschaffen und selbst ein Geschöpf der ewigen Liebe Gottes bist, dann wirst Du in Deiner Begrenztheit diese Liebe erfahren. Ja mehr noch, Du wirst selbst zur Liebe.

Eine Veränderung des Denkens und Fühlens der Menschen, auch Deines Denkens, wird es nur dann geben, wenn Du den Glauben an den Schöpfergott annimmst.

IN DER VERSUCHUNG

Wenn Du Dich auf den Weg der Vollendung und der Liebe begibst, dann mußt Du wissen, daß Du in Versuchung fällst und alles durch diese Versuchung in Frage gestellt wird.

Der Weg des Glaubens ist ein steiniger Weg, der oft nur mit blutenden Füßen und zweifelndem Herzen zu gehen ist. Du wirst nicht mehr wissen, daß Du schon einmal in sicheren Schuhen gegangen bist. Jeder Schritt wird Dir zur Qual. Der Körper versagt seinen Dienst, manchmal wird er sogar krank. Im Hals wird ein Druck spürbar, und auf der Brust liegt eine Last wie Stein. Der Rücken schmerzt so, als hättest Du eine zentnerschwere Last zu tragen. An Dir selbst zweifelst Du, obwohl Du anfangs noch versucht hast, andere mit Deiner Stärke zu täuschen, so, als ob Dir gar nichts fehlen würde. Der Verstand drängt zur Flucht. Nur nicht mehr auf diesem Weg bleiben, nur noch weg!

Die Menschen, die Dir begegnen, werden Dir lästig. Du verteilst Schuld und weißt genau, was andere falsch gemacht haben. Du fühlst Dich mißverstanden und mit Füßen getreten. Sogar Gott scheint in weite Ferne gerückt und seine Hilfe ist nicht mehr spürbar.

Verführerische Gedanken bedrängen Dich: Menschen, die Dich begeistern, eine Idee, die Du verwirklichen möchtest, das Neue, Faszinierende, das sich wie aus einer Wolke offenbart.

Du fängst an zu träumen. Du baust Dir Luftschlösser, die Du nie realisieren kannst. Mit offenen Augen gehst Du durch die Welt, an den Menschen vorbei, ohne sie wirklich wahrzunehmen. Die Wirklichkeit ist zu hart. Du entfliehst ihr in Deinen inneren Bildern und wirst einsamer, verzweifelter, weil niemand Dich selbst sieht, hört, annimmt.

Aber Du lebst ja in Deinen Träumen. Und eine neue Stufe tut sich auf: die der inneren Dialoge. Du stellst Dir vor, jemandem zu begegnen, dem Du etwas Unangenehmes sagen wirst. Du redest geradeheraus, meist forscher und lauter, als es Dir jemals möglich ist. Du bist der souveräne Denker und Streiter und wenn Du schon nicht überzeugen kannst, so müssen doch alle wenigstens klein beigeben oder zustimmen.

Das alles führt zu einer inneren Emigration. Nach außen aber bist Du noch funktionstüchtig. Manche wundern sich über Deinen Aktivismus. Du hältst große Reden und versuchst, Einsichten zu vermitteln, die Du für richtig hältst, aber selber nicht mehr verwirklichen kannst. Viele äußerliche Aktivitäten sind Dir wichtig. Im Inneren bist Du distanziert, ohne Hoffnung, Glauben und Liebe.

Das alles sind die Zeichen der Versuchung. Je mehr Du diesen Regungen nachgibst, desto tiefer wirst Du in Trägheit und Apathie versinken. Es kann dann sogar vorkommen, daß Du Dir in dieser Rolle gefällst.

Dies sind Zeiten, in denen Deine Seele dürstet. Sie wird zu einer sterbenden Pflanze, die von einer Betonmauer umgeben ist. Diese Mauer ist die Mauer des Stolzes, der Dir einredet, daß Du selbst mit allem fertig werden mußt. So soll verhindert werden, daß Du Dich öffnest, auf die Menschen und Gott erneut zugehst.

Dieses Zugehen beginnt mit dem Annehmen der eigenen Gebrochenheit.

VON DER ACEDIA, DER TRÄGHEIT IM GEISTLICHEN LEBEN

Im Leben jedes Menschen kommt einmal die Zeit der Müdigkeit und des Versagens. Die großen geistlichen Väter nannten sie Acedia. Wenn sie da ist, dann lies die folgenden Seiten.

vgl. Regula Benedicti Kap. 48,1 ff

Sie kommt und Du weißt noch gar nicht, daß sie Dich überfallen hat. Du merkst es nur an Deiner Unentschlossenheit, an Deinem halbherzigen Denken und Handeln. Scheinbar nichts ungewöhnliches.

Sie kommt einfach. Widerwillen gegen alles und jedes breitet sich aus. Du bist satt, nichts interessiert Dich mehr, Du fühlst Dich wie gelähmt und voll innerer Leere. Du meinst, nichts mehr empfinden zu können. Es ist die Zeit des Mittags, der Mittagshitze und es scheint, daß alles dem Ende zugeht.

Du bemerkst, daß Du hinter Deinen Idealen und Zielen zurückbleibst. Leerlauf zwingt Dich, nach Äußerlichem zu suchen und Du versuchst, Befriedigung im Essen, Trinken und Rauchen zu finden. Doch auch das kann Dich nicht erfüllen. Manchmal flüchtest Du Dich in Betriebsamkeit, in den Schlaf, in die Krankheit, in das Leiden oder in die Bitterkeit. Das Gefühl kommt auf, daß niemand mehr da ist, auf den Du Dich verlassen kannst; nicht einmal Gottes Nähe ist mehr zu spüren.

Der »Mittagsdämon« läßt die Zeit nicht mehr vergehen. Unruhe verleitet Dich ständig, aus dem Fenster zu schauen, zu starren und zu grübeln. Du hegst Abneigung gegen die Menschen um Dich, oder gegen den Ort, an dem Du lebst. Du stehst in einer Zeit schwerster Versuchung. Unzufriedenheit breitet sich aus und Zweifel beherrschen all Deine Gedanken. Du wirst müde und die Seele spürt die Gottesferne. Manchmal spürt sie nicht einmal mehr das.

In letzter Konsequenz ist es eine Glaubenskrise, der Du nicht mit dem Verstand beikommen kannst. Du kannst ihr nur Deinen Glauben und Dein Vertrauen entgegensetzen. Wie willst Du erklären, daß Du Dich benimmst wie ein ungezogenes

Kind, das mit seinen überzogenen Bedürfnissen die Umwelt belästigt und doch nicht weiß, was es will. Macht willst Du ausüben und bist doch ganz kraftlos. Du wirst überflutet von apathischer Leere und fordernder Lähmung. Du willst die Nähe anderer Menschen und flüchtest Dich doch in die Distanz, die Du auch nicht ertragen kannst.

Wenn Du all dies erlebst, dann sei nicht traurig, denn die Acedia ist eine Bewegung, die über alle geistlich orientierten Menschen kommt. In dieser Situation darfst Du den Trost nicht irgendwo, außerhalb Deiner selbst, suchen, sondern in Dir. Höre in Dich hinein! Achte darauf, wonach sich Deine Seele sehnt, was Du ihr vorenthalten hast. Wer hat Dich enttäuscht? Wem hast Du die Treue gebrochen – auch schon vor langer Zeit? Hast Du den Allmächtigen aus den Augen verloren und Dich Deiner eigenen Eitelkeit und Gewinnsucht hingegeben? Gehe hinein in die dunkle Erfahrung; weich ihr nicht aus, auch wenn es die Seele schmerzt und Du vor eigenen Tränen fliehen möchtest. Lerne langsam in der Dunkelheit zu sehen. Mit den Augen Deines Herzens, denn Dein Licht wird diese Dunkelheit erhellen.

Verliere die Angst vor dem Versagen und der eigenen Schwäche. Es gibt einen heiligen Rhythmus von Spannung und Entspannung. Genieße ihn, so wie Dein Atem sich entspannt und spannt. Ertrage die Unlust ebenso wie die Lust, beide führen dich zum Zentrum Deines Menschenseins.

Wecke die alten Vertrauenssätze, die im Inneren schlummern:
»Vater unser im Himmel«
»Ich liebe Dich, oh Herr«
»Deine Huld währt ewig«
»Omnia in sapientia tu fecisti« (Alles hast Du in Weisheit gemacht.)

Führe ein geregeltes aber nicht eintöniges Leben. Der kluge Wechsel von Ordnung und Spontaneität ist nötig. Fang' an, die Lieder zu singen, die Dir Freude machen, deren Inhalt Dich früher mit Dankbarkeit erfüllt hat. Versuche, Deine Bewußtheit zu schulen und sei sorgfältig auch in den kleinsten Dingen. Achte auf Deinen Körper. Vernachlässige nicht das Gebet und besinne Dich auf die ehrfürchtige Liebe zu Gott. Er, der alles lenkt und leitet, ist auch bei Dir in Deiner ganzen Nichtigkeit. Und bedenke, wenn Dein Ich nicht mehr soviel Raum einnimmt, dann hat er mehr Platz.

Suche Dir einen zuverlässigen Begleiter, aber flüchte Dich nicht zu irgend jemanden der Dich bemitleidet oder Dich nur noch weiter in diese Haltung hineintreibt. Vertraue Dich dem Freund an und bitte ihn, mehr zu hören, als zu reden. Und wenn er Dir etwas sagt, dann nimm' es an, als Gottes heiliges Geschenk.

Wirf die Steine, die Dir selbst schon viel Mühe gemacht haben, nicht anderen in den Weg. Baue Deine Straße weiter und versuche, Dankbarkeit zu empfinden gegen die Menschen, die Dich umgeben.

Und denke immer an Dein eigenes Erleben und an Dein Gebet.

»Immer, wenn Du Allmächtiger mir Freude und Glück schenkst, wenn alles voller Glanz ist, dann laß mich wissen, daß auch wieder die Erfahrung des Versagens, der Dunkelheit, der Prüfung kommt. Mache mein Glück nicht zu groß, daß ich mein Unglück leichter ertragen kann.«

Eduard Möricke schreibt:

Herr, schicke, was Du willst,
ein Liebes oder Leides,
ich bin vergnügt, weil beides
aus Deinen Händen quillt.

Wollest mit Freuden,
wollest mit Leiden
mich nicht überschütten,
denn in der Mitten
liegt holdes Bescheiden.

VON LICHT UND SCHATTEN

Vor Dir steht jetzt ein kleines Licht. Du siehst, wie die Flamme brennt. Das Licht leuchtet in der Finsternis. Licht und Schatten sind ganz nahe. Wo Licht ist, ist immer auch Schatten zu finden.

Ist es nicht merkwürdig, daß es in einem Raum mit diffusem Licht keinen Schatten gibt? Je stärker das Licht ist, desto klarer werden die Schatten.

Du wirst es in Dir selbst erfahren. Wenn Du so dahinlebst, ohne Dir bewußt zu sein, was gut und schlecht ist, herrscht in Deinem Herzen diffuses Licht.

Wenn Du Dich aber bemühst, überzeugt, gut, freundlich und ehrlich zu handeln, dann wird Dir plötzlich auffallen, wie sich der Schatten eines Fehlers auf Dein Herz legt.

In einer Gemeinschaft ist es ebenso. Solange sie unüberlegt, verantwortungslos und rücksichtslos dahinlebt, kann jeder so sein, wie er will. Bemüht sich aber einer um das Gute, beginnt sein Licht zu leuchten. Dann entdecken viele wie schlecht sie handeln.

Glaube nicht, daß es einfach ist, in einer dunklen Umgebung, Licht zu sein. Du wirst Mühe haben, überhaupt bestehen zu können. Die Dunkelheit droht, Dich zu verschlingen. Menschen werden Dich anklagen. Du wirst als Verrückter und Außenseiter abgestempelt. Viele werden sagen, daß Du Dich selbst zu wichtig nimmst und nur im Mittelpunkt stehen willst.

vgl. Mt. 5,15 Jesus sagt: »Stelle Dein Licht nicht in ein Faß, sondern auf den Leuchter, damit Dein Licht den Menschen leuchte und alle Deine guten Werke sehen.« Die guten Werke sind wie Lichter, die aus dem Herzen des Menschen strahlen. Das Leuchten ist wie ein sanfter Regen, der einen trockenen Acker bewässert.

Licht sein heißt: die Trauernden trösten, die Freundlichen stärken, die Hungrigen und *vgl. Mt. 25,35 ff* Durstigen satt machen, barmherzig sein gegen alle Herzenshärte, Frieden stiften im Streit, den Verfolgten und Ruhelosen Heimat bieten, Mühen und Ungerechtigkeiten heiter und gelassen ertragen.

Das sind die Lichter, die in Wirklichkeit leuchten, die den Schatten und die Finsternis vertreiben. Es sind die Lichter Gottes und die Lichter dieser Welt.

Das Licht stammt nicht von Dir selbst. Licht kommt immer von Gott. Jesus sagt: »Das Licht des Leibes ist das Auge. Wenn das Auge gesund ist, wirst Du selbst ganz Licht sein. Wenn Dein Auge schlecht ist, wird Dein ganzer Leib, Du selbst, ganz finster sein.« *vgl. Mt. 6,22 ff*

Du selbst bist nicht das Licht. Wenn Du Dein Auge zumachst, kannst Du kein Licht aufnehmen. Wenn Du Deine Ohren, Deine Sinne verschließt, wird nichts in Dein Herz dringen. Du bleibst dunkel, wie ein Haus in der Finsternis, dessen Türen und Fensterläden verschlossen sind. Wenn Du offen bist, mit Deinen Augen wirklich siehst, mit Deinen Ohren wirklich hörst, wird Licht in Deinem Herzen sein. Wenn Licht in Dir, in Deinem Herzen ist, dann wirst Du aus dem Inneren heraus strahlen. Du wirst das Licht weitergeben und leuchten für Dich und die Menschen. In Deiner Verschlossenheit bist Du wie eine Kerze, die nicht brennt. Kalt und unansehnlich, meist auch egoistisch, denn Du willst Deine Kraft für Dich behalten. Du lebst dabei in Dunkelheit und Schatten.

Du selbst kannst also nicht leuchten. Immer ist es die Kraft der Liebe Gottes, die durch Dich hindurchscheint. Je offener, je durchlässiger Du bist, desto mehr wird die Liebe Gottes leuchtend Dich durchdringen. Wenn Du das zuläßt, dann wirst Du den eigenen Schatten entdecken. Das Licht, daß dich durchstrahlt, wird alle dunklen Stellen zeigen und Du wirst solange an Dir arbeiten müssen, bis Du eingehen darfst in das ewige Licht des Himmlischen Vaters.

Vielleicht bedauerst Du jetzt so viele Schatten zu entdecken. Schau in das Gesicht eines anderen Menschen und Du wirst immer einen Schatten sehen. Ja, Du kannst ihn sogar nur deshalb sehen, weil Licht und Schatten da sind. Gäbe es nur noch Licht wäre kein Mensch mehr da.

Der Schatten ist oft belastend, aber er macht Dein Gesicht und das Gesicht des anderen erst menschlich. Sei deshalb nicht mutlos und traurig, wenn Du Schatten in Dir entdeckst: Den Egoismus, der nur sich selbst sieht und nicht auch den anderen; den Stolz, der sich für besser hält als die Mitmenschen; die Herzenshärte, die unbarmherzig und unmenschlich sich selbst verschließt und den Mitmenschen verurteilt.

Um dieser Schatten willen kam das Licht in diese Welt, Jesus Christus, der uns das ewige Licht Gottes gebracht hat. Stell Dich in sein Licht. Du wirst zuerst nur Deinen Schatten sehen, wenn das Licht hinter Dir leuchtet. Aber dann wende Gesicht und Herz dem Licht zu: Dein Schatten verschwindet und Dein Gesicht wird erleuchtet sein und anderen Licht geben.

Wenn Dein Herz, Dein Gesicht leuchtet, dann schenkst Du anderen Leben, so wie das Licht der Sonne die Pflanzen leben läßt. Aber genauso wie die Sonne wird Dein Licht Schatten werfen, denn nichts Irdisches ist vollkommen, nicht einmal Deine bestgemeinte gute Tat.

Manche Menschen verzweifeln an dieser Tatsache, weil sie etwas ganz perfekt machen wollen, so perfekt, wie es nur Gott kann. Wenn Du so denkst, machst Du Dich der gleichen Sünde schuldig wie Lucifer, der so sein wollte wie Gott.

Danke dem Schöpfer, daß Du schrittweise immer mehr Licht sein darfst und ihm ähnlicher wirst.

Aber lösche nicht das Licht in Dir aus, verschließe nicht die Türen und Fensterläden Deines Herzens, sonst wirst Du selbst in der Finsternis und Kälte erstarren und zugrundegehen.

Und denke daran, daß Dein Licht von Dir Sauerstoff braucht, um zu brennen. Wenn Du es erstickst, dann wird es dunkel. Andererseits kann es eben so leicht verlöschen, wenn Du zu stark hinbläst. Geh also behutsam mit dem Licht Deines Herzens um. Ersticke es nicht durch einen Panzer der Undurchlässigkeit, ebensowenig wie durch einen zu starken Sturm der Begeisterung.

Das Licht lebt durch den Atem. Die Menschen leben durch den göttlichen Atem, den Hl. Geist. Er ist es, der Dein Licht zur vollen Entfaltung bringt.

Manchmal aber ist die Dunkelheit sehr groß. Du meinst dann, daß nichts diesen Schatten auflösen kann. Laß Dich von Deiner Erfahrung leiten. Je dunkler es ist, desto heller leuchtet selbst das kleinste Licht. Dieses Licht kann die Dunkelheit vertreiben, wenn es geteilt wird, wenn es weitergegeben wird, so wie viele Kerzen die Dunkelheit erhellen können.

Wenn Du so denkst, dann wird Jesus Christus als Licht aufleuchten und Raum in Dir suchen, damit sein Licht weiterstrahlt in dieser Welt.

Wenn Du Dich aber blenden läßt von den vielen äußeren Dingen, dann wirst Du die Augen und Dein Herz schließen müssen. Das wahre Licht wird verlöschen und in Dir wird Finsternis sein. Wenn Du Jesus Christus in Deinem Herzen aufstrahlen läßt, wird das Licht nicht ausgehen, auch wenn es viele Schatten gibt.

ÜBER FREUDE UND BITTERKEIT

Eine der tiefsten und schönsten Bewegungen des Herzens ist die Freude. Du entdeckst sie im strahlenden Gesicht eines Menschen, dessen ganzer Körper leuchtet. Diese Freude teilt sich allen mit. Sie isoliert sich nicht. Sie zeigt sich in der Güte und Freundlichkeit. Wenn Du Freude in Deinem Herzen hast, dann bist Du bereit, andere an dieser Freude teilhaben zu lassen, wie die Frau, die ihre verlorene Drachme wiedergefunden hat und voll Freude ihre Freundinnen zusammenruft, damit sie sich mit ihr freuen.

vgl. Regula Benedicti Kap. 5,14 ff

vgl. Lk. 15,9

Deine Freude wird ansteckend sein und sich verbreiten. Du brauchst Dir keine Sorgen mehr zu machen, weder um Dich, noch um andere. Deine unerschütterliche innere Sicherheit, läßt die bedrückenden Äußerlichkeiten zusammenschrumpfen. Alte Ängste verschwinden und Du kannst Widerwärtigkeiten leichter ertragen.

Freude ist eine Frucht des Friedens in Deinem Herzen. Unfriede hingegen vertreibt die Freude. Sie ist ein Geschenk Gottes, um das Du beten und bitten mußt. Und wenn Du Dich freuen kannst, dann danke Gott, denn er gibt diese Gnade. Dabei ist aber Deine innere Haltung wichtig. Nur wenn Du offen bist, kannst Du Freundlichkeit aufnehmen und geben. Dein Sehen, Dein Hören und Dein Fühlen machen Dich zu einem Menschen, der bereit ist für die Freude.

Lebe dabei, wie es eines Menschen würdig ist. Achte Deine Menschenwürde und die Deines Nächsten. Dann wirst Du selber gerecht sein, allerdings nicht im Sinne der Welt. Die Freude lebt in der Gerechtigkeit Gottes! Und hier sind die Maßstäbe anders, als Du sie kennst. Wenn Du zwei Kleider hast, dann gib dem eines, der keines hat. Sei zufrieden mit Deinem Dienst, mit Deiner Arbeit und mit Deinem Lohn. Strebe wohl danach, etwas zu erreichen, aber verbohre Dich nicht in eine Idee und in ein Anliegen, denn dadurch wirst Du unzufrieden. Glaube nicht immer, daß es dem anderen besser ergeht als Dir. Auch er hat sein Kreuz und Leid zu tragen.

Freude zeigt sich in der Großzügigkeit. Geschenke, die Du anderen gibst, sollen ein Zeichen Deiner Freude sein. Achte aber darauf, nicht mehr zu bekommen, als Du gibst.

Dadurch verdirbst Du Dir die Freude des Schenkens. Wenn Du einen Freund zu Besuch hast, dann biete ihm das Beste an, was Du hast. Wenn Du mit ihm teilst, wird Eure Freude größer sein, weil ihr miteinander auch die Freude teilt.

Zur Freude gehören Fröhlichkeit und Lachen. Nicht aber Gelächter und Spott. Kinder, die lachen, erfreuen Dich. Lachende Erwachsene hingegen fürchtest Du manchmal aus Angst, daß Du selbst oder ein anderer verlacht werden und darunter leiden könnten.

Deine Freude kann viele Formen haben. Manchmal wirst Du singen und tanzen. Gib Deinen Gefühlen großen Raum. Deine Worte und Lieder sprudeln dann aus Dir heraus. Du wirst beben und zittern und manchmal auch vor Freude weinen, weil Dein Herz so tief bewegt ist. Immer gehört zu Deiner Freude die Dankbarkeit, weil Du weißt, daß sie ein Geschenk ist.

Um Dich freuen zu können, mußt Du wach sein, sonst übersiehst Du die vielen kleinen Ursachen der Freude. Die stumpfe Trägheit ist in sich verschlossen. Wenn Dein Herz aufmerksam das Leben wahrnimmt, wirst Du heiter und gelassen über viele Ereignisse schmunzeln können, die Dich früher vielleicht geärgert haben. Nimm Dich selbst dabei nur so wichtig, wie es der Situation entspricht und glaube nie, daß Du allein das Rechte weißt. So wirst Du von den Überraschungen des Lebens nicht überfordert, sondern kannst sie als ein Teil der Freundlichkeit Gottes annehmen.

Das Gegenteil der Freude ist nicht die Trauer. Trauer ist viel zu kostbar und zu wertvoll, als daß sie der negative Teil der Freude sein könnte.

vgl. Regula Benedicti Kap. 34,6; Kap. 40,8

Das Gegenteil der Freude ist die Bitterkeit. Sie zeigt sich in der Herzenshärte, die nur mit Schadenfreude über einen anderen lachen kann. Wenn Du resignierst, Dein Leben abgeschlossen hast, dann wirst Du bitter.

Alles wird Dir zur Belastung. Du verschließt Dich selbst, damit keine Gefühlsregung mehr aus Dir heraus oder in Dich hineindringt und klagst Dein eigenes Schicksal und das der anderen an. Unfriede, Hetze und Haß führen zur Unzufriedenheit und Freudlosigkeit. Einsamkeit überwältigt Dich, ohne das Du sie Dir eingestehen kannst und inmitten von Menschen wirst Du einsam, unfähig miteinander zu reden und zu schweigen, oder aufeinander zu hören.

Die Bitterkeit verdunkelt das Herz. Sie zweifelt am rechten Gang der Welt und Du läßt Dich auffressen von der eigenen Ungerechtigkeit und Sünde, vor allem aber von der Sünde der anderen. Die eigenen Fehler siehst Du nicht mehr. Du wirst selbstgerecht. Der bittere Mensch kann auch nichts mehr schenken, außer sein steinernes Herz. Du hältst Dich für ausgenützt und verfolgt, kannst nicht mehr glauben, hoffen und lieben.

In der Bitterkeit fühlst Du Dich immer schuldig, ohne daß Du es Dir eingestehen kannst. Deshalb bist Du ständig beschäftigt, Dich zu verteidigen und die anderen anzuklagen. Du willst im Recht sein und bist unfähig, Kompromisse zu schließen. Kleinliche Äußerlichkeiten, die richtige Anordnung, die richtigen Töne, die festen Mauern, die heiligen Traditionen werden Dir wichtig. Du verschanzt Dich hinter dem Gesetz, das Dich und andere tötet. Du kannst nicht mehr verzeihen, weil Du die Schuld des anderen für Deine eigene Scheingerechtigkeit brauchst. Das Lachen hast Du verlernt und Dein Gelächter ist voller Zynismus, mit dem Du mehr Dir selbst als anderen schadest.

Die Ironie und der schwarze Humor, die sich nur am Schmerz des anderen freuen, sind Zeichen Deiner Bitterkeit. Dein Lächeln wird zum hämischen Grinsen. Fröhlichkeit empfindest Du als Unordnung. Das Leben ist eine Last für Dich und nicht mehr ein Geschenk Gottes. Du glaubst nicht mehr an Gottes Liebe, die Dir Leben und Freude schenkt. Gott allein aber ist die Quelle der Freude. Er schenkt uns seinen Sohn und deshalb dürfen wir uns wirklich freuen.

Weigere Dich, den Modetrend mitzumachen und die Freude nicht mehr zu zeigen! Selbst wenn Dir viele freudlose Menschen begegnen, gib nicht auf, Dir selbst Deine eigene Freude einzugestehen und sie anderen zu zeigen. Dabei mußt Du Dir klar sein: Die Sehnsucht aller – auch der freudlosen Menschen – ist es, die Heiterkeit des Herzens, die allen Gram vergißt, aus dem Vertrauen auf Gott hin zu leben.

Jeder Mensch sehnt sich danach, daß das Licht Gottes sein Herz erreicht.

Suche Deine Freude deshalb nicht in Äußerlichkeiten oder mit Drogen. Sie haben keinen Bestand und lassen einen bitteren Geschmack im Herzen zurück.

Freuen dürfen wir uns jetzt, in dieser Zeit. Das finstere und griesgrämige Gesicht kannst Du ablegen, wenn Du spürst, daß der Herr nahe ist. Seine Nähe schenkt uns die Freude. Er allein ist die Sicherheit in dieser unsicheren Welt. Er kommt in die bittere Einsamkeit Deines Herzens, um Dir durch sein Wort Hilfe, Trost und Freude zu schenken. Vertraue ruhig darauf, daß Gott auch zu Dir kommt. Er ist auf dem Weg und deshalb darfst Du Dich freuen.

vgl. Phil. 4,1 ff

ÜBER LÜGE UND WAHRHEIT

Du hast sicher schon einmal gelogen, oder Du bist belogen worden. Meist suchst Du dann, solche Vorfälle schnell zu vergessen, denn die Lüge bringt Mißtrauen und Enttäuschung. Aber so leicht gelingt das nicht, denn in einem Seelenwinkel weißt und spürst Du, daß die Lüge weitergärt und die Wahrheit verdrängen will. Doch die Wahrheit liegt einer Sache inne. Du kannst sie nicht ändern oder manipulieren. Du mußt sie beachten.

Wahrheit macht Dich frei, aber sie kann auch belasten und Dich in schwere Entscheidungskrisen stürzen. Es scheint so zu sein, daß es leichter ist, zu lügen, um Schwierigkeiten des Lebens zu entgehen. Doch das ist nur eine Flucht. Die Wahrheit holt Dich ein, Du kannst vor ihr nicht weglaufen.

Was aber ist Wahrheit? Sie ist nicht nur äußere Realität, sondern vor allem eine innere Wirklichkeit. Laß Dich nie täuschen von den äußerlichen Wahrheiten. Sie sind meist unvollständig und bringen Verwirrung. Denk an Jesus Christus, der als Angeklagter und Geschlagener vor Pilatus stand, und gefragt wurde: »Was ist Wahrheit?«

vgl. Joh. 18,38

Pilatus ahnte wohl, daß in diesem Menschen Jesus eine andere, innere Wahrheit lebt, als äußerlich zu erkennen war. Doch er sah sie nicht, weil ihn die Angst bedrängte. Er verurteilte einen Menschen nach dem äußeren Schein und unter Druck, weil er nicht wagte, seinem wirklichen Denken Raum zu geben. Durch seine Feigheit, die eigentlich eine Lüge war, wurde er ein Werkzeug im Heilsplan Gottes, im Leben Jesu.

Du wirst das in Deinem eigenen Leben erfahren. Auch eine Lüge muß sich in Gottes Pläne einfügen. Obwohl sie vom Bösen stammt, wird sie von Gott angenommen und als Baustein im Lebensweg eines Menschen verwendet. Für Gott ist es gleich, ob Du lügst oder die Wahrheit sagst. Nur für Dich hat es eine große Bedeutung. Denn Du wirst entweder den Weg der inneren und äußeren Verwundung durch die Lüge gehen, oder durch die Kraft der Wahrheit frei werden.

Du wirst Dich fragen, warum Du oder ein anderer Mensch überhaupt lügt.

Die Lüge ist der krampfhafte Versuch des Menschen, geliebt zu werden. Jeder Mensch strebt danach, daß er von anderen Menschen und natürlich im letzten von Gott, angenommen wird. Dieses Angenommenwerden ist für ihn lebensnotwendig, weil der Mensch nur mit dem »Du« leben kann. Allein stirbt er in der Einsamkeit.

vgl. Martin Buber, Ich und Du, Köln 1966

Um eine Gemeinsamkeit mit anderen Menschen herzustellen oder das Uneinssein zu verbergen, beginnst Du, die Unwahrheit zu sagen. Du versuchst, die Tatsachen so hinzustellen, daß ein anderer glauben kann, daß Dein Leben und Verhalten in Ordnung seien. Wenn Du lügst, hast Du Angst, die Wahrheit Deines eigenen Lebens preiszugeben. Du hast Angst davor, daß Du verachtet und nicht mehr anerkannt wirst. Du leidest unter Deinem Tun. Du weißt ganz genau, daß Du Dich selbst verleugnest. Du leidest darunter, daß Du nicht der sein darfst, der Du in Wahrheit bist.

Viel schwieriger ist die Situation, wenn Du angelogen wirst. So unglaublich es klingt, Du bist mitbeteiligt an der Lüge. Du willst angelogen werden, ja, im Extremfall zwingst Du sogar einen anderen, die Unwahrheit zu sagen. Dann willst Du vielleicht die Dinge hören, die zu Dir passen. Wenn Du angelogen wirst, ist es möglich, daß Du nicht stark genug bist, die Wahrheit zu ertragen? Genauso wie der Lügner selbst? – Manchmal zwingen wir einen anderen Menschen dazu, uns anzulügen, weil wir nicht bereit sind, seine tiefe und tiefste, irrende und verwirrte Menschlichkeit anzunehmen. Wir haben Angst davor, daß uns der andere mit seinem Leben, das uns nicht paßt, mit seiner Menschlichkeit, mit seiner Unfähigkeit, mit seiner Wahrheit überschwemmt.

Wir bewerten, entwerten und beurteilen die Dinge, die uns gesagt werden und die Menschen selbst. Der andere ist in der Versuchung, sich so darzustellen, wie wir ihn gerne haben wollen. Das wiederum teilen wir ihm durch unseren Gesichtsausdruck, durch unsere Haltung, durch unsere Hände mit.

Du kannst das häufig an Dir selbst erleben. Du behältst die Wahrheit für Dich, glaubst, sie nicht sagen zu können, weil Du verachtet oder abgelehnt werden könntest. Diese Situation scheint Dich zu zwingen, Dich anders darzustellen, als Du in Wahrheit bist.

Es gehört zu den befreiendsten Dingen im Leben, wenn Du einem Menschen begegnest, dem Du Dich mit Deiner ganzen Wahrheit anvertrauen kannst. Diese Wahrheit ist oft spröde. Sie ist unscheinbar. Es ist unsere Verzweiflung und Hilflosigkeit. Sie zeigt sich in unserer Schlechtigkeit, in unserem Versagen und in unseren Wunschträumen. Sie zeigt sich auch in der liebevollen Hingabe unseres Herzens.

Wenn Du einem Menschen begegnest, der Dir mit lauterem Herzen und mit lauterer Absicht entgegentritt, der Dich annimmt, wie Du wirklich bist, dann kannst Du ihm auch Deine ganze Wahrheit anvertrauen. Oft aber hast Du den Mut nicht, bescheiden und demütig zu Deiner eigenen inneren und äußeren Wahrheit zu stehen. Die Kraft, seine innere und äußere Wahrheit einem Menschen anzuvertrauen, hängt eng zusammen mit der Art und Weise, wie uns ein Mensch gegenübertritt.

Wenn Du einem anderen begegnest, bemühe Dich daher um diese liebevolle Offenheit in Deinem Herzen. Du wirst entdecken, wie schwer es ist, das in die Tat umzusetzen.

Wenn es Dir aber gelingt, dann ist die Chance groß, daß Ihr beide zusammen den Weg der Wahrheit gehen könnt.

Laß Dich nicht verwirren und sei nicht traurig, wenn Du trotz Deiner lauteren Haltung angelogen wirst. Vielleicht hat dieser Mensch schon mit vielen anderen schlechte Erfahrungen gemacht und sieht jetzt in Dir auch einen Menschen, der ihm seine Wahrheit nicht zugesteht. Verurteile ihn nicht. Zeige ihm behutsam und ohne ihn zu demütigen, daß er keine Angst zu haben braucht vor seiner inneren Wahrheit und vor Deiner Reaktion. Jesus Christus hat nie zu einem Menschen gesagt, daß er ihn angelogen habe. Er bemühte sich immer, dem Menschen zu helfen, zur eigenen inneren Wahrheit zu stehen.

Nun gibt es Menschen, die unter dem Joch der Lebenslüge stehen. Von Kindheit an wurden sie gezwungen, die Unwahrheit zu sagen, weil sie sonst bestraft worden wären. Sie haben sich angewöhnt, sich nie zur Wahrheit zu bekennen, weil ihnen das nur allzuoft geschadet hat. Ihnen wurden Fehler und Schwächen nie oder selten verziehen. Immer mußten sie mehr scheinen als sie wirklich waren. Sie konnten nicht zu sich selbst stehen, weil niemand zu ihnen gestanden hat. Oft kommt es dann soweit, daß sie gar nicht mehr merken, daß sie nicht die Wahrheit sagen. Solche Menschen sind im Herzen schwer krank. Diese Störung kann meines Erachtens sogar zur Geisteskrankheit führen, wenn hier niemand hilft.

Wenn Du diesem Menschen begegnest, dann stärke Dein Herz mit Vertrauen und Mut. Versuche nicht, sein Reden und Handeln zu messen und abzuwägen, sondern schau auf das verzweifelte Ringen seines Herzens und seiner Seele. Laß Dich nicht erschüttern durch Zweifel und Mißtrauen, sondern glaube daran, daß auch er ein Geschöpf Gottes ist, das seine Wahrheit verwirklichen will.

Sei nicht überheblich, sondern demütig in Deinem Denken und Reden, damit er die Liebe des barmherzigen Vaters durch Dich erfahren kann. Eine wirkliche Veränderung wird lange Zeit dauern, die nicht nur für ihn, sondern auch für Dich eine Zeit der inneren Reifung ist. Dieser Mensch lebt und leidet in der Gottferne, denn Gott ist die Wahrheit. Vielleicht ist er Dir begegnet, um Gott nahe zu sein. Versuche, ihm in der Wahrheit und in der Liebe Gottes zu begegnen, wie Jesus es getan hat. Er sagt: »Ich bin der Weg, die Wahrheit und das Leben.« Und »Wer mich gesehen hat, hat auch den Vater gesehen,« der die ewige Wahrheit ist. *vgl. Joh. 14, 6–9*

Einen anderen zu lieben ist leichter, als immer die *ganze* Wahrheit zu sagen. Doch ohne Wahrheit gibt es die Liebe ebensowenig, wie es keine echte Wahrheit ohne Liebe gibt. Beide gehören zusammen und bedingen einander.

Wenn die Wahrheit brutal wird, mußt Du Dich fragen, worum es Dir geht. Ziel Deines Denkens und Handelns muß immer das Leben sein, nie die Zerstörung. Nicht einmal die Notlüge ist ein Ausweg. Lüge bleibt Lüge. Auch Halbwahrheiten zerstören mehr, als sie gut machen können.

Ein gangbarer Weg ist die *»selektive Authentizität«*. Das heißt, daß Du echt sein sollst, daß Du aber gleichzeitig wählen mußt, was und vor allem wie Du sprichst und handelst. Du mußt vor Deinem Gewissen und vor Gott entscheiden, *was* Du auswählst, wenn Du sprichst und vor allem, *wie* Du diese Wahrheit sagst. Diese Gratwanderung ist schwer und verlangt hohe Verantwortung für die Sache und die Menschen, um die es geht. *vgl. Ruth Cohn, Von der Psychoanalyse zur themenzentrierten Interaktion, Stuttgart 1975, S. 125*

Wenn Du so handelst, mußt Du zur inneren Wahrheit voll und ganz stehen und für sie eintreten. Der Grund für Dein Handeln und Reden muß die Liebe sein, nicht die Angst, Drückebergerei oder gar Feigheit. Prüfe vor allem Deine inneren Motive. Wenn sie unlauter sind, suche nach Deiner inneren Wahrheit und Liebe, dann erst entscheide Dich.

Wahrhaftig kannst Du nur deshalb sein, weil Du ein Geschöpf Gottes bist, der die einzige und ewige Wahrheit ist. Jesus sagt: »Der Teufel ist der Vater der Lüge.« Die Grundlüge besteht darin, daß wir Gott und seine Wahrheit nicht anerkennen. Wenn Du in Gott bist, brauchst Du nicht zu lügen. Er hat Dich und alle Menschen dazu berufen, in der Wahrheit zu leben. Wenn Du in Gefahr kommst zu lügen, wende Dich ab vom Bösen, vom Teufel, dem Durcheinanderbringer und stärke Dein Vertrauen auf Gott. Wenn Du Dich ihm restlos hingibst, wird die Lüge in Dir und um Dich herum keinen Raum mehr haben. Immer wieder kann sie Dir begegnen, aber Du wirst Dich nicht mehr beunruhigen lassen, denn Du weißt, daß Gottes Wahrheit größer ist als alle Kraft des Bösen. *vgl. Joh. 8,44*

VOM REDEN UND SCHWEIGEN

vgl. Regula Benedicti Kap. 5/6

Dem Wert des Redens kannst Du das Schweigen nicht gegenüberstellen. Beide haben einen Wert für sich, und beides hat seine Zeit. Du wirst lernen, klug zu unterscheiden, wann Du reden und wann Du schweigen mußt. Beide ergänzen sich und bringen einander wechselseitig zur Entfaltung.

Verwechsle nie Reden mit Plappern und ein Gespräch nie mit oberflächlichem Gerede. Wenn Du die Stille für Dich als Last empfindest und sie nicht mehr ertragen kannst, dann flüchte Dich nicht ins Gerede oder ins Schweigen. Denn Du kannst auch jemanden todreden oder ihn verstummen lassen, weil er in der Flut Deiner Worte nicht mehr zum Denken und Atmen kommt.

Es kann sein, daß Du Dich mit Lärm verwirrst und selbst betäubst, weil Du Dich nicht wirklich mit jemandem auseinandersetzen willst. Deshalb übe Dich in Vorsicht – selbst bei gutgemeinten Ratschlägen. Auch sie können erdrücken und beengen.

»Die Worte sind die Quelle der Mißverständnisse«. So läßt Antoine de Saint-Exupery den Fuchs zum kleinen Prinzen sagen. Du hast es sicher auch schon an Dir selbst erlebt, wie leicht oberflächliches Gerede und unüberlegte Worte Dich oder einen anderen Menschen verwirrt oder verletzt haben. Ein Wort, das ausgesprochen ist, kann nicht zurückgerufen werden. Es kostet oft große Mühe, um solch einen angerichteten Schaden wieder gut zu machen.

Würdest Du aber aus all diesen Gründen nicht mehr sprechen, wäre das doch kein Schweigen, sondern ein Stumm-sein aus Angst und Schrecken. Stummheit aber ist nie ein Schweigen. Das eine geschieht aus freiem Willen und mit Überzeugung, das andere wird aus Trotz oder mit Verbitterung erzwungen. Deine Stummheit ist die Angst vor dem Reden oder die Unfähigkeit, Dich zu äußern.

Oft zwingen Angst, Wut oder Ärger einen Menschen dazu, das Herz und den Mund zu verschließen. Wenn Du erschrickst und erstarrst und dabei »den Faden verlierst«

oder nicht mehr die rechten Worte findest, so gib das nicht als Schweigen aus, sondern stehe zu Deinen Gefühlen.

Suche nach den Worten, die Dich befreien können, öffne Dich, damit Du die Verkrampfung Deines Herzens und Deines Körpers lösen kannst.

Oft wirst Du in diesen Situationen nichts anderes tun können als schreien, weinen oder klagen. Auch das ist eine Form des Redens, die Dir die Möglichkeit gibt, Dich mitzuteilen.

Reden heißt ebenso wie Schweigen: Mit-teilen. Du teilst mit den anderen Deine Gedanken und Deine Gefühle. Du öffnest Dich und gibst von Dir. Je überlegter, gefühlvoller und bewußter Deine Worte sind, desto mehr wird Dein Reden zum Geschenk.

Sprich behutsam und ohne Floskeln und sei klar und eindeutig. Vermeide es, andere mit Worten zu verwirren, die für Dich klar zu sein scheinen. Du verwirrst Dich dabei nur selbst, weil Du nicht verstanden wirst.

vgl. Regula Benedicti Kap. 7, 56–66

Dein Reden soll einem liebevollen Geschenk gleichen, nicht den überflüssigen Abfällen einer seelischen Müllhalde.

Rede nicht von dem, was Du selbst nicht brauchen kannst und was Dir überflüssig erscheint, sondern gib von den Kostbarkeiten Deines Herzens. Du wirst dann leichter Verständnis finden und Antwort bekommen.

Manchmal kann Dein Reden auch ein Segen sein. Aber sprich nicht nur mit dem Mund oder dem Kopf, sondern laß auch Deine Augen, Dein Gesicht, Deine Hände und Deinen Körper sprechen. Sprechende Augen können oft liebevoller sein als viele Worte.

Reden hast Du durch Hören gelernt. Wenn Du reden und schweigen willst, lerne zuerst das Hören. Hören heißt offen sein. Es ist das stille und aufmerksame Lauschen auf die vielen Ober- und Untertöne, die in den Worten mitschwingen. Nur der Hörende kann verstehen, was nicht mit Worten gesagt wird. Deshalb höre mit Deinem ganzen Menschsein. Dein Herz hört und Deine Augen und Deine Haut. Sie verstärken die Töne, die an Deine Ohren dringen und helfen Dir, mehr zu verstehen.

Wenn Du hören kannst, wirst Du das Herz des anderen öffnen, weil Du ihm mit Offenheit begegnest. Du wirst wahrnehmen, daß nicht nur Menschen reden und sich mitteilen, sondern auch das Wasser auf Deiner Haut, das Feuer, die Tiere und Pflanzen, der Mond und die Sterne, sogar die Jahreszeiten werden Dir von sich erzählen.

Um zu hören, mußt Du schweigen lernen. Wenn Du schweigst, mußt Du aufmerksam sein und offen, sonst verschließt Du Dich. Deine Schweigsamkeit läßt den anderen reden, – oder schweigen. Sie zwingt nicht und kann nicht erzwungen werden. Das Schweigen läßt Raum und Zeit. Doch es kann, wie das Reden, auch bedrohlich werden, vor allem dann, wenn Deine Botschaft nicht eindeutig ist. Wenn Du nicht redest, aber beständig auf die Uhr schaust, sagst Du Deinem Gesprächspartner, daß Du unter Zeitdruck stehst oder daß Du ihn loshaben willst, oder daß er Dich langweilt. Dein Schweigen wird dadurch mehr Verwirrung stiften als Klarheit schaffen.

Wenn Du ruhig und gesammelt die Worte, den Menschen und die Dinge annimmst, schaffst Du ihnen Raum in Dir. Sie finden Platz für sich und fühlen sich geborgen und bewahrt.

Das ist die Haltung von Maria, der schweigenden Mutter des Herrn, die alles in ihrem Herzen erwog und bewahrte und aus diesem Schweigen heraus die richtigen Worte sagen und das Beste tun konnte.

Sie hat schweigend und hörend Raum geschaffen in sich für das Wort Gottes, hat es aufgenommen und bewahrt. Aus ihr wurde für alle Menschen das Heil geboren, Jesus Christus selbst.

Wenn Du eine Haltung hast wie Maria, wirst Du mit Deinem ganzen Leben reden. Gott selbst wird aus Dir geboren werden, weil Du sein Wort hörst und es annimmst.

Wirklich – wirk-sam – reden kannst Du nur, wenn Dich Gottes Wort erreicht hat. Und Gott spricht nicht laut, sondern leise. Seine Stimme ist machtvoll, aber wie ein sanfter Windhauch, den Du nur hören kannst, wenn Du allen Lärm hinter Dir gelassen hast, wie der Prophet Elia auf dem Gottesberg Horeb.

vgl. 1. Kg. 19,9

– Ausculta – – Höre –, ist das erste Wort der Regula Benedicti

Gottes Wort erreicht den Schweigenden, den Hörenden.

Wenn Du ganz still und offen vor ihm, dem Allmächtigen stehst, wird er Dich mit seinem Wort erfüllen. Aus der Fülle seines Wortes wirst Du reden, hören und schweigen.

Auch Dein Reden mit ihm, Dein Gebet wird echt sein, wenn Du still geworden bist. Wirkliches Gebet des Herzens ist ein Lauschen auf den Pulsschlag Gottes in Dir und der Schöpfung. Nicht nur bittende Worte, schöne Lieder und Sequenzen werden Gehör finden, sondern vor allem Dein schweigendes, demütiges, offenes Herz, das Er mit seinem Wort erfüllt. Es ist Jesus Christus, der sich durch Dich unter den Menschen offenbart.

Verkündigungsengel und Maria aus der Basilika San Clemente in Rom

VON FLUCH UND SEGEN

vgl. Regula Benedicti Kap. 4,32

Mächtiger und wirksamer als Dein Handeln können Dein Reden und Denken sein. Beide gehen meist dem Handeln voraus und immer sind dabei unbewußte Gefühle im Spiel. Diese bewußten und unbewußten Gedanken, Gefühle und Kräfte haben ihre Wirkung und beeinflussen Dich und andere.

Ein Kind, von dem die Mutter oder ein Lehrer gut denkt, wird sich freier entfalten können und besser entwickeln als ein Kind, das sich abgelehnt und negativ beurteilt fühlt. Gutes Denken und Reden ist eine Form des Segens. »Benedicere« heißt: gutes Reden, segnen. »Maledicere« heißt: schlechtes Reden, fluchen.

Achte daher sorgfältig auf Deine Gedanken und Worte, damit kein Fluch, nichts Böses auf andere und Dich fällt. So wie Du von den Menschen und Dingen denkst und redest, so werden sie sich entwickeln. Das Böse vermehrt sich ebenso wie das Gute.

Fluchen heißt, in seinem Herzen Böses denken und dies durch Worte weitergeben. Dadurch stellt sich der Mensch in den Dienst des Bösen. Der Teufel will Dich benützen, um Gottes Liebe in dieser Welt und bei den Menschen zu untergraben. Er will, daß Du die Herrschaft Gottes ablehnst und die Gewalt des Bösen anerkennst. Jeder böse Gedanke und jedes böse Wort können zerstören, Wunden schlagen oder sogar töten. Haßerfüllte Worte und böse Gedanken können mehr Schaden an Leib und Seele anrichten, als schwere Krankheit.

Manchmal werden Menschen krank, weil sie viele böse Worte, viele Flüche gehört haben und sich nicht dagegen wehren konnten. Wenn Du jemanden verfluchst, bist Du in Deinem Herzen tot und tötest einen anderen. Jesus sagt: »Wer seinen Bruder verflucht, ist ein Mörder.« Und ich glaube auch ein Selbstmörder. Denn durch das Fluchen wird nicht nur dem anderen Leben genommen, Du nimmst Dir auch selbst Lebensmöglichkeiten, das Leben.

vgl. Mt. 5,22

Fluchen hat viele Wurzeln. Die entscheidendsten sind: Stolz, Neid, Haß, Zorn und Verlassenheit. Doch Dein Fluchen schränkt diese Laster nicht ein, Du behinderst Dich nur selbst immer mehr.

Der Fluch fällt wie der Segen auf Dich selbst zurück, und die Zerstörung breitet sich genauso aus, wie die heilende Ordnung.

Doch der Segen ist mächtiger als der Fluch und wenn segnende Menschen ihm widerstehen, kann der Fluch aufgehoben werden. Der Hl. Benedikt sagt: Wenn Du nichts geben kannst, dann gibt ein gutes Wort, einen Segen. »Ein gutes Wort ist besser als eine gute Gabe.« *Regula Benedicti 31,14*

Wenn Du segnen willst, mußt Du demütig sein, denn der Segen kommt nicht von Dir, sondern von Gott. Nur ein bescheidener Mensch, der durchlässig geworden ist für die Liebe Gottes und sie nicht für sich behalten will, kann Segen weitergeben.

Der Segnende und der Gesegnete geben der Größe und Gnade Gottes Raum. Sie vertrauen auf die Hilfe und Kraft eines Stärkeren. Du hebst Deine Hände nach oben, um als Empfangender die Gabe an einen anderen weiterzugeben.

Du erkennst Gott als den Geber alles Guten an, die Unbegreiflichkeit seiner Liebe und die Allmacht seiner Herrlichkeit. Durch segnende Worte und Gedanken überwindest Du die menschliche Begrenztheit und stehst selbst in der transzendenten Wirklichkeit Gottes. Wenn Du segnest, hast Du Teil an der Wirklichkeit, am Wirken Gottes.

Wenn ein Segen keine Wirkung hat, zweifle nicht an der Wirklichkeit Gottes, sondern frage nach Deiner Durchlässigkeit, Deiner Selbstlosigkeit und Liebe. Segnen erfordert große Kraft und es kann sein, daß Deine segnenden Hände oder Dein Herz sinken. Dann brauchst Du Menschen, die Dich stützen wie die Freunde, die einst Moses gestützt haben, als er segnend auf dem Berg stand für das kämpfende Israel und ihn die Kraft verlassen wollte.

Wenn Du einen segnenden Menschen triffst, dann stütze seine Hände und sein Herz, denn auch Du wirst dadurch Segen empfangen.

Du darfst auch segnen, wenn Du kein Geweihter bist. Die einzige Bedingung dafür ist Deine Liebe und Durchlässigkeit. Achte aber den Segen der Geweihten, der Priester und der Eltern, denn sie haben sich durch heilige Verpflichtung in den Dienst des Segens gestellt.

Deshalb gehe sorgfältig mit diesem Dienst um, wenn Du eine solche Aufgabe übernommen hast. Der Segen des Vaters oder der Mutter sind bestimmend für das Leben der Kinder. In früheren Zeiten wurden werdende Mütter gesegnet. (Man kann diesen Segen übrigens in vielen Religionen finden). Ich glaube, daß das eine viel mächtigere Wirkung hatte, als es in unserer aufgeklärten Gegenwart angenommen wird.

Der Segen über Kinder, über Ehegatten, über Freunde, über die Gemeinde und über die Erde wirkt Heil und bringt Frieden. Laß Dich segnen und Du wirst die große Kraft verspüren, die Du durch einen Segen bekommst.

Segen verändert die Wirklichkeit. Das gesegnete Brot, das Essen und das Trinken, gewinnen eine wesentliche Kraft. Wenn schon ein mit Liebe gekochtes Essen besser schmeckt und größere Freude macht, um wieviel mehr wird die gesegnete Speise zum Heil derer, die sie essen?

Segne Dein Haus und die Dinge, die Du im Alltag gebrauchst und behandle sie ehrfürchtig. Sie werden Dir zum Segen sein, nicht nur durch Deine positive Einstellung, sondern durch das Wohlwollen Gottes.

Ehre die heiligen und geweihten Dinge, die Dir gehören und die Du verwendest, die Kreuze und die Bilder der Heiligen, die heiligen Bücher und die heiligen Zeiten, denn durch sie bist Du gesegnet.

Denke dabei nicht an Magie und sei nicht abergläubig. Die Magie ist ein Werk des Bösen und bewirkt Böses. Glaube vielmehr an das Wirken Gottes unter den Menschen und in dieser Welt.

Wenn Du segnen willst, dann bereite Dich darauf vor. Reinige Dein Herz, Deine Lippen, Deine Hände und bitte zuerst darum, segnen zu dürfen.

Öffne Dein Inneres, richte Deine Gedanken und Dein Herz nach oben. Öffne die Hände und Deine Sinne für das Geschenk, mit dem Du andere beglücken willst. Rufe die Heiligen an, die Dir helfen können und vertraue auf sie.

Gebrauche heilige und heilende Worte und Zeichen. Sprich die Worte laut aus, wenn es die Situation erlaubt. Wähle am Anfang Segensworte, die schon formuliert sind. Dann aber laß Dich vom Geist Gottes erfüllen, der Dir Worte des Segens schenkt. Manchmal ist es gut, zum Zeichen des Segens die Hände zu gebrauchen, oder den Menschen und den Gegenstand zu berühren. Laß den Segen durch Dich hindurchströmen. Versuche, nichts festzuhalten, und sei Dir bewußt, daß Du Werkzeug Gottes bist.

Christen benützen als Zeichen des Segens das Kreuz. Ich habe an anderer Stelle über dieses Kreuz gesprochen. Es ist das Zeichen des Segens und unserer Erlösung. (S. 68)

Wenn Du gesegnet hast, dann sei dankbar für die Gnade, die durch Dich wirken konnte. Du wirst spüren, daß der Segen heilt. Er heilt nicht nur andere, sondern auch Dich selbst und ist ein Schutz gegen alles innere und äußere Unheil. Letztlich wird er auf Dich zurückkommen, und Du selbst wirst dann ein Gesegneter sein.

VON LEBEN UND TOD

Dein ganzes Leben lang lebst Du den Tod. Wenn Du das nicht tust, oder Dich erschüttern läßt, wirst Du ständig Angst haben und deshalb um so mehr den Tod erleiden.

Regula Benedicti Kap. 4,47

Der Tod gehört zum Leben. Er ist sein dunkler Bruder und Gefährte. Wenn es Deinen Tod nicht gäbe, wärst Du nicht am Leben. Vom ersten Augenblick Deiner Existenz an begleiten Dich diese beiden Brüder und ermöglichen Dir Dein Dasein. In dem Augenblick, als Dein Leben entstand, vergingen eine männliche Samenzelle und eine weibliche Eizelle. Sie starben nicht in dem Sinn, daß sie ausgelöscht wurden. Sie gaben ihre jeweilige Eigenart auf und ermöglichten durch ihre Verschmelzung Dein Leben. Hätten sie versucht, ihre Eigenart zu behalten, wären sie zugrunde gegangen und damit wirklich ausgelöscht.

Dieser Vorgang wiederholt sich im menschlichen Leben dauernd. Er ist die Triebfeder der ganzen Schöpfungsentwicklung.

Im Mutterleib bist Du herangewachsen und als die Zeit reif war, wurdest Du geboren. Die Lösung aus der intensivsten menschlichen Beziehung und der Abschied aus dieser Symbiose mit der Mutter war wieder ein kleines Sterben. Aber nur weil Du Abschied genommen hast, konntest Du leben.

Und so war es immer wieder in Deinem Leben: Als Du anfingst zu laufen, als Du in die Schule gingst, als Du Dich als Jugendlicher auf Deine eigenen Füße stelltest und Dich als Erwachsener endgültig von Deiner Familie trenntest, um Dich selbst in einer Gemeinschaft mit anderen zu verwirklichen. Immer waren diese Schritte in Deinem Leben auch kleine Schritte des Todes, mit denen Du Dein eigenes Leben verwirklicht hast. Aber jeder von ihnen bringt Dich auch Deinem Sterben näher. Und wenn Du in Deinem Leben nicht lernst, Abschied zu nehmen, das gelebte Leben zurückzulassen, hat Dich der Tod schon eingeholt, ohne daß Du es bemerkt hast.

Hüte Dich davor, Dich an Menschen oder Dinge zu hängen, sonst bleibst Du stehen, und der Stillstand ist nicht das Leben.

Manche Eltern gestehen ihren Kindern nie eine eigenständige Entwicklung und Ablösung zu. Sie fesseln sich an die Kinder und machen damit sie und sich selbst unfrei. Diese Knechtschaft führt zu großem Leid, oft sogar zu Haß, Ablehnung und Enttäuschung. Menschen, die unter eigenen großen Abhängigkeiten gelitten haben, haben Angst davor etwas zu verlieren, oder aufzugeben, weil sie selbst kein Vertrauen haben.

Wenn Du selbst in diese Lage kommst, gib Dir und anderen die Freiheit. Löse die Angst in Deinem Herzen vor dem Tod, den Du befürchtest, wenn ein geliebter Mensch gehen will oder muß. Wenn Du im Vertrauen und mit Zuversicht Abschied nehmen kannst, gewinnst Du einen Freund und gibst ihm und Dir neue Freiheit.

Und wenn Du traurig bist, dann sei Dir bewußt, daß die Trauer notwendig ist. Aber mache Dir klar, daß sie das nur für Dich ist. Einem anderen oder einer Sache nützt sie nichts. Wenn Du von jemanden Abschied nehmen mußtest, dann trauere, denn das ist ein Weg, um den anderen völlig loszulassen. Die Trauer verstärkt und löst zugleich den Schmerz, den Du empfindest. Sie ist die momentane Angst vor der Einsamkeit und dem Gefühl verlassen worden zu sein. Sie ist aber auch die Kraft, die man braucht, einen neuen Anfang zu setzen. Wenn Du aber Deine Trauer verdrängst, kann es sein, daß Du Dich nie von dem Betrauerten lösen kannst. Du leugnest so seinen Abschied oder Tod und zugleich Dein eigenes Leben. Trauere, wenn Du trauern willst. Aber Du mußt wissen, daß die Trauer einmal ein Ende haben wird und Dein eigenes Leben weitergeht.

Das Ziel ist nicht Deine Trauer, sondern die Auflösung der Trauer in Freude. Antoine de Saint-Exupery läßt den kleinen Prinzen beim Abschied von seinem Freund sagen: »Und wenn Du Dich getröstet hast – und man tröstet sich immer –, dann wirst Du froh sein, mich gekannt zu haben.«

Der Tod verliert seinen Schrecken, wenn Du das Sterben als einen Teil des Lebens siehst. Das Sterben ist die Wurzel für ein neues Leben. Die Natur gibt Dir viele Zeichen für diese Wahrheit. Blumen können nicht immer nur blühen; sie müssen auch einmal verblühen. Bäume wachsen nicht in den Himmel. Auf die Zeit des Sommers folgt der Herbst und der Winter, dem das neue Leben des Frühlings entspringt. Alles Irdische ist dem Gesetz des Werdens und Vergehens unterworfen. Willst Du frei werden, darfst Du Dich nicht auf die materiellen Dinge, ja nicht einmal auf Deinen Körper verlassen. Auch er ist geworden und wird vergehen. Willst Du Bestand haben, mußt Du an die ewige Existenz Deiner Seele glauben, die den irdischen Tod überdauert.

Aber verachte deshalb Deinen Leib nicht, denn er ist der Lebensraum Deiner Seele. Zum Leben gehören Leib und Seele. Sie beeinflussen und ergänzen sich. Aber sterben wird nur der Leib.

Wenn Du zu sehr an Deinem irdischen Leben hängst, wirst Du Dich angstvoll darum sorgen. Jede kleinste Gefährdung wird Dich aufregen und beunruhigen. Die Gefahr dabei ist, daß Du darüber das innere Leben Deiner Seele vergißt. Wenn Du nicht mehr weißt, daß Dein Leben mehr wert ist, als Nahrung, Kleidung, Wohlstand und Ansehen, bist Du innerlich schon gestorben. Dann ist es auch verständlich, daß es Dir nur noch um die Sicherung von Äußerlichkeiten geht. Ein Kranker, der so denkt, wird nur schwer gesund werden, weil die Triebkraft seines Lebens, die Seele, zum Schweigen gebracht ist.

Willst Du also leben, dann glaube an die Kraft Deiner Seele. Mit ihr kannst Du die Grenzen Deines Körpers überwinden. Du wirst erleben, daß Du mit anderen in Beziehung treten kannst, auch wenn sie nicht mit ihrem Leib anwesend sind. Du wirst Gott selbst in Dir entdecken, der in Deiner Seele lebt. Er ist das Leben. In ihm gibt es keinen Tod. Wenn er in Dir lebt, brauchst du Dich nicht mehr vor dem Tod zu ängstigen.

Auch wenn Dein Körper alt und gebrechlich wird, wenn Du den Tod nahen fühlst, oder wenn Du meinst, durch physischen oder psychischen Druck zugrunde zu gehen, glaube daran, daß in Gott der Tod überwunden ist. Und ein wenig wohnt er auch in Deiner Seele. Damit Du das begreifen kannst, hat er uns in seiner Liebe seinen Sohn gesandt, der durch Geburt, Leiden und Tod zum Leben in Gott ging. Er hat durch sein Leben und sein Sterben einen Weg für Dich gezeigt, den Du gehen kannst.

VON KRANKHEIT UND HEILUNG

»Warum bin ich krank geworden?« fragst Du Dich, wenn Du ohne ersichtlichen Grund leidest.

Die Krankheit gehört genauso zu Deinem Leben wie die Gesundheit, und Du stehst in einem ständigen Wechsel dieser beiden Pole. Meist bemerkst Du es nicht, wenn Du anfängst, krank zu sein.

Eine Krankheit entwickelt sich. Sie hat viele Ursachen. Deine Seele und Dein Körper sind nicht mehr im Gleichgewicht, denn jedes körperliche Leiden hat eine Mitursache in Deiner Seele. Wenn Du dauernd Haß, Neid und Ablehnung erfährst und niemanden hast, dem Du Dein Leid anvertrauen kannst, wirst Du krank. Genauso wird sich an Deinem Körper zeigen, wenn Du Ärger und Enttäuschung immer in Dich hineinschlingen mußt. Ein Mensch, den Leid und Sorgen niederdrücken, wird Dir gebückt und verkrampft begegnen aus Angst, immer wieder neu bedrängt zu werden.

Wenn Du krank wirst, ist das ein Zeichen einer inneren Auseinandersetzung. Dein Körper kämpft. Er setzt sich mit sich selbst auseinander, weil Du vielleicht die Auseinandersetzung vermieden hast. Du hast Deine Augen und Dein Herz verschlossen, wolltest nicht sehen, was wirklich nötig ist im Tun und Denken.

Du bist uneins mit Dir selbst geworden, hast das Streben Deiner Seele vernachlässigt und bist geflüchtet.

Viele Einflüsse von außen bedrängten Dich: eine zerrüttete Familie, eine zerstörte Umwelt, die Enttäuschung durch Freunde. Mutig wolltest Du alles verdrängen, aber Dein Körper spielte nicht mit. Die Kälte hat das Herz zermürbt; der Ärger hat Deine Leber angegriffen; der Kummer Deinen Magen zerfressen. Der Verstand ist unterlegen, obwohl er sich Mühe gab. Dein Leib hat sich zum Sprecher Deiner Seele gemacht.

Du bist getroffen, und die Schmerzen quälen Dich.

Tief im Innern gibt es noch andere Bewegungen: Vielleicht bist Du froh über diese Krankheit? Sie verschafft Dir Ruhe und Zeit zum Nachdenken. Du wirst herausgerissen aus dem Trubel und Streit des Alltags. Menschen sorgen sich und pflegen Dich.

Manchmal kannst Du Dir den Gewinn, den eine Krankheit bringt, gar nicht eingestehen. Du kämpfst scheinbar wild gegen sie, bist traurig und niedergeschlagen und doch unfähig, einen wirklichen Ausweg zu finden und anzunehmen.

Es scheint, als wären Dir alle Wege zum Heilwerden verschlossen.

Sicher gibt es Stationen im Leben eines Menschen, die zum Tod führen können. Manche Menschen sterben lieber, bevor sie sich ändern, bevor sie »heil« werden wollen. Diese Haltung sitzt in unserem Innersten verborgen. Für diese Menschen ist der Tod wohl der einzige Weg, aus dem Dilemma der Seele herauszukommen. Der Tod soll ihnen die Veränderung bringen, die sie aus eigener Kraft nicht geschafft haben.

Ein Mensch aber stirbt nicht, weil ein ärztlicher Kunstfehler vorliegt oder eine Krankheit unheilbar ist. Ein Mensch stirbt dann, wenn der Allmächtige in seiner Weisheit dem irdischen Leben eine Grenze setzt und der Mensch hinübergehen soll in ein anderes Leben. Nicht die Krankheit beendet das Leben, sondern das Wirken Gottes.

Nur wenn Du den Tod fürchtest, kannst Du die Krankheit nicht verstehen, weil Du Angst haben mußt.

Die Krankheit selbst ist ein Zeichen für die Herrlichkeit Gottes. Krankheit ist nicht dazu da, um Dich zu strafen, um Deine oder Deiner Eltern Sünden zu sühnen. Sie ist dazu da, um an Dir die Herrlichkeit Gottes zu offenbaren.

Das Leid ist nicht das Ziel des Handelns Gottes. Er will, daß Du Dir bewußter wirst, was mit Dir und um Dich geschieht. Das Leid zwingt Dich, daß Du Dich auf Dich selbst und Dein Leben besinnst, Deine Grenzen anerkennst und Deine Illusionen aufgibst. Eine Macht hat in Dein Leben eingegriffen, die Dich zu Dir und zu Gott zurückführen will.

Gottes Liebe will den Menschen heilen, in einem weit umfassenderen Sinn als nur auf die Gesundheit für den Leib beschränkt. Um zu heilen, mußt Du die Krankheit Deiner Seele aufspüren, sonst wird nur der Körper gesund und die Seele bleibt krank. Die Folge davon wäre eine weitere Krankheit.

Heilen schließt aber Leib und Seele mit ein.

Deshalb wird der gute Arzt sich nicht nur um Deinen Körper, sondern auch um Deine Seele bemühen.

Um gesund zu werden, mußt Du in Dir das innere und äußere Gleichgewicht wiederherstellen. Alte, ungelöste Probleme müssen beseitigt oder aufgelöst werden. Deine Beziehungen zu Menschen und Dingen, Deine Arbeit und Deine Freizeit müssen neu geordnet werden. Vielleicht mußt Du mehr auf Deine Ernährung und Deinen Körper achten. Vor allem aber wirst Du Deiner Seele mehr Aufmerksamkeit widmen.

Oft ist es aber so, daß Du es aus eigener Kraft nicht mehr schaffst, diese Schritte zu tun. Sicher begegnest Du öfters Menschen, die krank sind und von Dir erwarten, daß Du sie heilst oder ihnen wenigstens hilfst, gesund zu werden.

vgl. Regula Benedicti Kap. 36

In der Krankheit brauchst Du einen Helfer, der mit Dir den Weg der Heilung geht, der Dich stützt und begleitet, der Dir Deinen eigenen blinden Fleck zeigt und Dich annimmt.

Der erste Schritt: sieh ein, daß Du krank bist und erkenne Dein Leiden. Manchmal wirst Du Deine Krankheit bagatellisieren, manchmal übertreiben. Du willst sie nicht wahrhaben und versuchst, sie zu verbergen. Das ist nicht der Weg des Heilens. Dein Leid wird Dich dazu zwingen, Deine Situation annehmen.

Die Schmerzen bringen Dich weiter. Du wirst in Dir den Willen zur Heilung finden müssen und aktiv daran mitarbeiten. Jeder Arzt wird scheitern, wenn Du nicht bewußt und aktiv zum Gesundwerden beiträgst.

Eines der größten Hindernisse auf dem Weg der Heilung sind die Schuldzuweisungen, die Du anderen machst. Du suchst nach Menschen und Situationen, die vielleicht tatsächlich an Deinem Leid mitbeteiligt sind und gibst ihnen die Schuld.

Dadurch wirst Du selbst verbittern und Dich isolieren. Du wirst Dir die Möglichkeiten zur Versöhnung nehmen, weil Du die Ursachen für Deine Krankheit im anderen, nicht in Dir selbst suchst. Schuldzuweisungen verbergen sich oft hinter depressivem Jammern, resignierender Apathie oder heimlicher Aggression. Alle diese Einstellungen behindern den Heilungsprozeß.

Der wichtigste Schritt für Heiler und Kranke ist es, die Ursachen und tiefsten seelischen Verwundungen im Innern des Menschen zu erkennen. Dieses Erkennen geschieht durch einen Blick, durch einen Griff, durch eine Bewegung oder aber durch lange Gespräche und Untersuchungen. Wenn Du fähig bist, Dich und Deine Krankheit erkennen zu lassen, wirst Du gesund werden.

Dieser Erkenntnisprozeß kann äußerst schmerzhaft und zermürbend für Dich sein, denn Du wirst Dein eigenes Versagen entdecken und Dir und anderen Deine Schuld eingestehen. Das ist mit soviel Angst verbunden, daß Du es manchmal vorziehen wirst, krank zu bleiben. Indem Du Dir also Versagen und Schuld eingestehst, kannst Du Dich selbst annehmen und wirst bei einem guten Heiler das unglaubliche Glück verspüren, daß Du selbst angenommen bist. Dieses Gefühl und dieses Wissen, werden in Dir Kräfte aktivieren, die Dich gesunden lassen.

Dazu kommt, daß Du in Deiner Selbst-Erkenntnis und -Annahme gleichzeitig den Plan Gottes mit Dir annimmst. Du stellst Dich unter seinen heiligen Willen und in seine Schöpfung und erfährst dadurch Heil und die Vergebung Deiner Schuld. Deshalb hat Jesus bei einer Heilung immer auch die Sünden vergeben, z.B. dem Gelähmten. *vgl. Mt. 9,1–8*

Nach der Befreiung und Lösung der Schuld wirst Du Dein Leben neu ordnen, vielleicht mit Hilfe von Menschen, oder aus eigener Kraft. Du wirst den Plan Gottes für Dich anerkennen und annehmen und Dein Leben danach ausrichten.

Leben nach dem Plan Gottes heißt: Hier und jetzt seinen Willen verwirklichen. Du wirst bewußt und voll Vertrauen Gottes Nähe suchen und sein Heil wird sich an Dir offenbaren.

Wenn Du Jesus Christus begegnest, wird er Deinen Weg erleichtern. Er ist der, durch den wir die Nähe Gottes am besten erfahren. In seiner Gegenwart heilen die Kranken. Du selbst wirst dieses Heil erfahren und andere werden durch Dich gesund werden.

VON SCHULD UND VERGEBUNG

Bedrückender als die Angst in unserem Leben ist das Gefühl der Schuld, wenn wir feststellen, daß wir uns falsch und schlecht verhalten haben. Dieses Gefühl verbreitet sich in Seele und Körper so, als würde Dir eine Last aufgeladen, die nicht abgenommen werden kann. Du mußtest Dich entscheiden und hast Dich wider besseres Gewissen falsch entschieden. Jetzt quälen Dich die Folgen Deines Denkens und Handelns.

Oder Du mußtest handeln, und es blieben nur die schlechten Möglichkeiten. Jede der Entscheidungen hat eine negative Folge für Dich oder andere. Du kannst Dich zwar rechtfertigen, doch in Dir selbst kommt immer wieder die Frage auf: war doch etwas nicht recht, sodaß ich zur Verantwortung gezogen werden kann, wenigstens von mir selbst oder von Gott? Diese innere Last lähmt Dein Handeln, Denken und Fühlen. Sie treibt Dich in die Resignation, macht Dich entscheidungsunfähig und manchmal sogar krank.

Der Verstand kämpft gegen das Gewissen und den Körper, der von heißen und kalten Schauern überlaufen wird. Du kannst nicht mehr schlafen und versuchst – ohne Erfolg – Dich abzulenken, durch irgendwelche Beschäftigungen.

Diese Veränderungen funktionieren manchmal, aber auch dann nur äußerlich. In Deinem Inneren setzen sich die Qualen fort, brechen durch physische und psychische Störungen, durch Krankheiten ihre Bahn. Ihre Wurzel bleibt häufig unerkannt.

Die Schuld einfach zu vergessen, ist keine Lösung. Manche zerbrechen auf diesem Weg an ihrer Schuld und es zeigen sich die Unfähigkeit, zur eigenen Schwäche und zu sich selbst zu stehen und sie anzuerkennen. Solch ein Versagen entwickelt sich entweder aus Selbstüberschätzung oder einer vermeintlichen Erkenntnis der eigenen Schwäche. Daß wir Fehler haben und dadurch Schuld auf uns laden können, ist für viele eine nicht anzunehmende Wirklichkeit.

Diese Menschen können nicht an Vergebung und Verzeihung, an die Lösung ihrer
vgl. Mt. 7,2 Schuld glauben und können meist auch sich selbst und anderen nicht vergeben. Jesus sagt: »Mit dem Maß, mit dem ihr meßt, wird auch Euch gemessen werden.« Das heißt:

In dem Maß, in dem ich Schuld annehmen und vergeben kann, wird auch mir Vergebung der Schuld geschenkt.

Es ist nicht die Bosheit oder Sturheit der anderen, die mir meine Schuld belassen, sondern meine eigene Schwäche.

Du kannst nicht an die Vergebung einer Schuld glauben, wenn Du selbst anderen Schuld zuweist und nur selten oder nie vergibst.

Gottes vergebende Liebe wird für Dich zur Phrase, und verzeihende Menschen betrachtest Du als Schwächlinge, weil Du Vergebung und Verzeihung als Schwäche ansiehst.

Doch nur der Schwache, Haltlose kann nicht verzeihen. Der starke, gütige und verzeihende Mensch ist ein Abbild der Güte Gottes und Gottes selbst. Schau auf den Allmächtigen. Er vergibt alle Schuld. Er heilt alle Gebrechen. Er will nicht den Tod und das Verderben des Schuldners, sondern sein Leben.

In der Schuld liegt die Chance der Selbsterkenntnis und der Erfahrung der Liebe für Dich. Jesus sagt: »Ein Mann hatte zwei Schuldner. Der eine schuldete ihm zehn Denare, der andere hundertausend Denare. Er schenkte beiden die Schuld. Welcher wird ihn mehr lieben? Doch der, dem er mehr geschenkt hat.« In der Schuld wird Dir durch die Vergebung Liebe geschenkt.

vgl. Lk. 7,41

Wenn Du Schuld verspürst, fange an, zu lieben und laß Dich lieben. Verzweifle nicht an Dir, an Menschen oder an Gott, sondern nimm die Schuld an und die Liebe, die Dir entgegengebracht wird.

vgl. Regula Benedicti Kap. 27

Dann werden Deine Krankheiten heilen.

Jesus vergibt immer die Schuld bevor er heilt. Ohne Vergebung und Lösung der Schuld ist oft keine Heilung möglich. Freunde Dich an mit Deiner Schwäche, ja freue Dich über die Möglichkeit, die Dir geschenkt wird.

In der Osternacht singt man: »O Schuld, selig bist Du zu preisen, Du hast Deinen großen Erlöser gefunden. O wahrhaft selige Nacht (der Seele), die Himmel und Erde versöhnt, die Gott und die Menschen verbindet.« Deine Schuld muß Dich nicht mehr zum Verderben führen, weil Du sie verdrängst oder festhältst. Sie wird zum Urgrund der Freude, wenn Du sie annimmst und die verzeihende Liebe Gottes und der Menschen erfährst.

Aus dem »Exsultet«, dem Jubelgesang der Osternacht.

ÜBER DAS KREUZ UND DIE NÄHE GOTTES

vgl. Regula Benedicti Kap. 7,34 ff

Das irdische Leben ereignet sich im Schnittpunkt von Raum und Zeit. Du gehst Deinen bestimmten Weg: hinter Dir viele Stationen, die Du durchlaufen hast; – vor Dir die Orte, die Du noch aufsuchen wirst. Der engste Raum aber, den Du einnimmst, ist Dein Körper. In ihm bist Du da.

Genauso liegt eine bestimmte Zeit bereits hinter Dir. Dazu gehört auch die Geschichte der Menschheit. All das zusammen ist Deine Vergangenheit. Vor Dir hingegen liegt Deine Lebenszeit bis zum Tod; – und jetzt lebst Du im gegenwärtigen Augenblick.

Raum und Zeit verbinden sich im HIER UND JETZT. Wenn Du also in der Gegenwart ganz bewußt da bist, dann lebst Du.

Dort wo die Raum-Achse die Zeit-Achse schneidet, entsteht ein Kreuz.

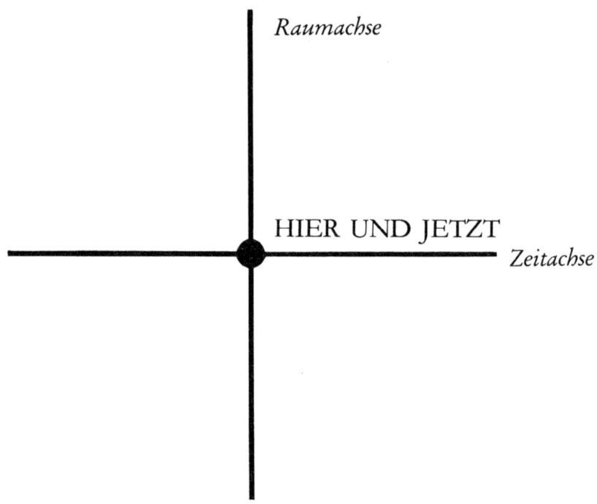

Im Schnittpunkt vereinigen sich alle Kräfte von links nach rechts, von oben nach unten. Wenn Du alle Kräfte Deines Lebens wirklich leben willst, mußt Du in der Gegenwart, im Kreuz leben! Es nützt Dir nichts, von Vergangenem und Zukünftigem zu träumen. Vergangenes kannst Du nicht ändern, die Zukunft wird anders aussehen, als Du sie Dir im Moment vorstellst. Um wirklich etwas für die Zukunft zu tun, mußt Du in der Gegenwart handeln.

Das gleiche gilt für den Raum. Solange Du beispielsweise nur davon träumst, anders zu sein, als Du tatsächlich bist, nimmst Du Dich nicht an. Du lehnst also Deinen Körper, den Ort an dem Du Dich aufhältst, ab.

Manche Menschen werden krank, weil sie sich nie in das HIER UND JETZT wagen, weil sie ihren Körper oder ihre Seele ablehnen. Sie versuchen zwar krampfhaft, Veränderungen zu bewirken, doch es gelingt ihnen nicht und wenn, dann nur mühsam. Ein Schizophrener, der glaubt, ein großer Dirigent zu sein, wird nie ein großes Orchester dirigieren können, auch wenn er in seinem Zimmer wild um sich schlägt und glaubt, vor vielen Musikern zu stehen.

Im HIER UND JETZT leben heißt auch, die Vergangenheit reflektieren und die Zukunft planen können. Es ist jetzt also Deine Aufgabe, auch das zu tun.

Daß Du nicht im HIER UND JETZT bist, merkst Du am besten, wenn Du Dich langweilst. Was gesagt oder getan wird, nimmst Du überhaupt nicht wahr. Du hörst zwar Laute, aber der Sinn bleibt Dir fremd. Du agierst zwar, aber eher wie ein Roboter. Jede Unregelmäßigkeit führt daher zu einem Fehler. Dein Herz bleibt leer, Du ermüdest rasch und bist lustlos. – Je mehr Du so handelst, denkst und fühlst, desto weniger lebst Du. Deine körperliche Anwesenheit ist nur noch ein kümmerliches Vegetieren.

Leben lernst Du am besten im gegenwärtigen Augenblick. Keine Angst! Du brauchst nicht zu befürchten, daß Du etwas versäumst. Vergangenheit und Zukunft sammeln sich mit all ihren Kräften im Achsenkreuz.

Im Schnittpunkt dieser Achsen findest Du Gott. Er wird im Alten Testament »der ICH BIN DA« genannt und das ist sicher jene »Eigenschaft«, die auf Gott am meisten zutrifft. Wenn Du also ganz da bist, dann bist Du Gott nahe. Er ist nur im gegenwärtigen Augenblick erfahrbar, – wenn Du bewußt im Kreuz, – also in Raum und Zeit – lebst.

vgl. Ex. 3,14

Jesus Christus hat uns das vorgelebt. Er hat das Kreuz, sein Leben in Raum und Zeit, angenommen. Als er schließlich am Kreuz starb, erkannte sogar der heidnische Hauptmann: »Dieser Mensch war Gottes Sohn.« Er lebte sein Leben bewußt in der Gegenwart und verwirklichte sich selbst durch die Annahme des Kreuzes.

vgl. Mt. 27,54

Wenn Du Dein Leben verwirklichen willst, mußt Du Dein Kreuz annehmen und ganz bewußt im HIER UND JETZT leben. Du wirst bald erfahren, wie schwer es ist, nicht zu flüchten, sondern Schwierigkeiten und Aufgaben, im Vertrauen auf die Nähe Gottes zu bewältigen. Dir werden Mühen und Lasten aufgeladen, unter denen Du zu zerbrechen drohst und im Herzen wirst Du oft am Sinn dieses Weges zweifeln. Wenn Du treu bist, wirst Du erkennen, daß Gott Dich nie verläßt, daß er wirklich und wirkungsvoll da ist.

vgl. Mt. 27,46 Deine Zweifel werden sich im Schrei Jesu wiederfinden: »Mein Gott, mein Gott, warum hast Du mich verlassen.« Und dennoch wird Dir Dein Gott auf unbegreifliche Weise nahe sein. Denn das tiefste Geheimnis des Kreuzes ist nicht der Schmerz, sondern die Nähe Gottes, die Überwindung der irdischen Begrenztheit in Raum und Zeit, die Auferstehung.

Je näher Du dem Zentrum des Kreuzes kommst, desto härter werden Leid, Kampf und Auseinandersetzung. Wer sich auf das Leben einläßt, wird mit den ernüchternden, menschlichen Wirklichkeiten konfrontiert und erkennt die Begrenztheit alles Irdischen. Du erahnst, daß der Mensch in diesem Leben nie vollkommen sein kann und daß auch Du selbst, obwohl Du vielleicht gut handeln möchtest, – immer wieder an der Schwäche und Sünde anderer Menschen oder an Dir selbst scheitern wirst. Das könnte Dich zur Resignation verführen. Aber dieser Versuchung mußt Du standhalten! Geh weiter und bleibe im HIER UND JETZT.

Die letzte Verweigerung ist das Leugnen des Todes, der Sünde, der menschlichen Unvollkommenheit. Selbst wenn Du alles richtig zu machen glaubst, bist Du irgendwo und ganz sicher in der Gottesferne; Du versuchst den Tod aus Deinem Leben zu bannen, indem Du krampfhaft an einer bestimmten Erinnerung festhältst. Die Nähe Gottes, Gott selbst, erfährst Du in der bewußten Annahme Deines Kreuzes, Deines Lebens. So paradox das auch klingt: Wenn Du Dein Leben und Sterben – mit allem, was dazugehört – jeden Augenblick Deines Lebens annimmst, geschieht in Dir Auferstehung und Verherrlichung. Dann gehst Du in die transzendente Wirklichkeit Gottes. Jesus hat uns diesen Weg gezeigt. »Wenn einer das wahre Leben haben will, nehme er sein Kreuz an und folge mir nach.« *vgl. Mt. 16,24 ff*

Wenn Du im Glauben diesen Weg gehst, wirst Du jeden Augenblick leben und sterben. Du wirst den Himmel offen und die Engel Gottes auf- und niedersteigen sehen. In dieser Welt wirst Du erfahren, daß keine menschliche Situation zu gering ist, um Gottes Nähe zu erleben. Wenn Du in sie hineingehst, wirst Du Gott selbst erkennen. Deshalb glaube nicht, daß Dir Gott nur in den großen Stunden Deines Lebens begegnet, in denen Du Dich ganz verwirklichst. In jedem Augenblick, da Du im HIER UND JETZT lebst, das Kreuz annimmst und Dir seine liebende Nähe bewußt machst, ist er in Dir und Du bist in ihm.

Der gute Hirte; Torso aus der Basilika San Clemente in Rom

VON DER AUSEINANDERSETZUNG MIT DEM BÖSEN

Regula Benedicti Vorwort 4

»Sooft Du etwas Gutes zu tun beginnst, bitte zuerst inständig darum, daß Gott es vollende.« Denn Du selbst wirst nur wenig vermögen, und der Teufel wird seine ganze Kraft einsetzen, um Dein gutes Tun zu verhindern. Du brauchst die Hilfe Gottes, sonst wirst Du in der Auseinandersetzung des Lebens scheitern.

Zunächst mußt Du Dich mit dem Gedanken vertraut machen, daß es den Teufel und die dämonischen Mächte auch wirklich gibt. Sie zeigen sich in den verschiedensten Formen und verbergen und verschleiern sich mit Vorliebe, um nicht erkannt zu werden. Der Teufel verweigert die offene Auseinandersetzung und den Kampf – nur in extremen Fällen, wenn ihm kein anderes Mittel mehr zur Verfügung steht, dann stellt er sich.

Um ihn zu erfahren, brauchst Du nur anzufangen, ernsthaft Gutes zu tun, nach dem Wort Gottes zu leben und Deiner inneren Berufung zu folgen. Menschen, die heilen, die sich um die heilige Ordnung Gottes bemühen, sind besonders gefährdet. Es dauert meistens nur kurze Zeit – oft nur Stunden – und Du wirst Widerstände und Hindernisse erleben. Alltäglichkeiten werden sich Dir in den Weg stellen, – das Leben wird Dir schwer gemacht. Man versucht, Deine Überzeugungen aufzuweichen, um Dich von dem als gut Erkannten abzubringen. In Dir selbst tauchen Zweifel auf, die durch viele logische Argumente gestützt werden. Die Botschaft des Bösen lautet: »Geh den alten, bequemeren Weg.«

Wenn Du nicht Deinem Glauben und Deiner Überzeugung folgst, wenn Du Dein Leben oberflächlich und unbewußt dahinlebst, wirst Du kaum Schwierigkeiten haben. Du wirst in Ruhe gelassen, weil Du das Werk des Teufels nicht störst, oder es sogar unterstützt. Wundere Dich also nicht, wenn Du Gutes tust und es Dir schlecht geht. Es ist ein Zeichen für die Güte Deines Tuns, wenn der Böse sich daran stößt und dagegen kämpft.

Vielleicht bist Du überrascht, daß hier der Teufel so einfach mit Namen genannt ist. In unserer aufgeklärten Zeit ist es unmodern und anrüchig geworden, an die Existenz des Teufels und der Dämonen zu glauben. Sie wurde wegrationalisiert und durch viele logische Erklärungen ersetzt. Ich glaube, daß dies ein Werk des Teufels selbst ist. Er will nicht mehr beim Namen genannt sein, denn sobald er bekannt wird, ist er in seinem Wirkungsfeld eingeengt und wird zur Klarheit gezwungen. Er aber ist der alte *Diabolus,* der Durcheinanderbringer, der im Dunkeln, im Versteck, seine Werke tut. Offenheit und Wahrheit hingegen sind für ihn das Ende. Sobald niemand mehr an ihn glaubt und seine Existenz abgeleugnet ist, kann er in Ruhe die Werke der Bosheit vollbringen.

In der Vergangenheit wurden viele Phänomene als Werke des Teufels bezeichnet, die sich durch die moderne Wissenschaft, durch Medizin, Psychologie, Physik und Chemie plötzlich als natürliche Vorgänge mit plausiblen Gründen erklären ließen. Die Folge war, daß man nun versuchte, die Existenz des Teufels allgemein abzuleugnen. Dem Teufel war das nur recht, denn dadurch bekam er unumschränkten Freiraum. . .

Aber keine Disziplin der Wissenschaft kann das Phänomen und die Dynamik des Bösen an sich wirklich aufhellen. In vielen Fällen scheitern heute wie gestern die psychologischen, soziologischen und medizinischen Erklärungen. Und selbst der Versuch einer Klärung kann nicht begründen, warum das Böse überhaupt existiert.

Ich selbst glaube an die Existenz des Teufels und die Wirkung dämonischer Mächte, weil ich sie oft genug erfahren habe.

Hüte Dich aber, hinter allem und jedem gleich den Teufel zu sehen, vor allem wenn es um Dinge und Menschen geht, die Du ablehnst, weil sie Dir Schwierigkeiten machen. Zu leicht wirst Du dann selbst zum Hexenbrenner und Teufelbanner, der seine eigene, negative Haltung auf einen anderen projiziert, weil er mit sich selbst nicht fertig wird. Dadurch wird dem Bösen nur genützt. Er liebt es, von seinem eigentlichen Tun abzulenken und Dich auf Nebenschauplätzen festzuhalten, Deine Kraft zu vergeuden und Dich lächerlich zu machen.

Seine Attacken erfolgen meistens indirekt. Dazu mißbraucht er Menschen und Dinge, – auch solche, die oft guten Willens sind. Sogar fromme Menschen, vielfach heilige Eiferer, mitunter Glieder der Kirche, benützt er für seine Pläne, ohne daß sie es selbst bemerken.

Seine Strategie ist die Verwirrung und die Ruhelosigkeit des Herzens. Wenn in einer Angelegenheit Gemüt und Gefühl nötig wären, suggeriert er intellektuelles, rationales Handeln; dort, wo Du klar denken sollst, versucht er mit Gefühlen zu argumentieren.

Es ist schwer, sein Wirken klarzulegen. An den Früchten, den Ergebnissen Deiner

Arbeit und Deines Denkens kannst Du es am besten erkennen. Der Teufel kennt kein gutes Maß, er neigt zu Extremen. Die Unmäßigkeit und die Übertreibung auf der einen oder die Bagatellisierung auf der anderen Seite sind seine Werkzeuge. Deine Seele vergiftet er mit Stolz und Hochmut. Gesunde Selbstverwirklichung dagegen wird mit Egoismus verwechselt. Streit, Neid und Zwietracht breiten sich aus. Materieller Besitz wird höher gestellt als geistige Werte. Glaube, Hoffnung und Liebe werden lächerlich gemacht. Das Gebet wird abgelehnt. Echte Demut ist dem Teufel ein Greuel.

Er versucht, die *heilige Schöpfungsordnung Gottes* zu verschleiern, durcheinanderzubringen und zu zerstören. Vor allem aber greift er die Seele an und tötet das Gewissen.

Manchmal reagiert dann der Körper mit einer Krankheit. Wird nur das Symptom, nicht die Ursache behandelt, kann zwar die momentane Krankheit geheilt werden, aber es zeigt sich wenig später ein neues Leiden.

Der Teufel zerstört das Vertrauen unter den Menschen, in den Familien und Gemeinschaften.

Heute praktizieren viele Menschen okkulte Handlungen, weil sie nicht an die Wirkmächtigkeit des Bösen glauben. Sie lachen darüber und wissen nicht, welcher Gefahr sie sich damit aussetzen. Sie rufen die Geister, ohne sich zu schützen, weil sie ja deren Existenz verneinen. Für sie sind solche Praktiken nur ein Nervenkitzel.

Wenn Du glaubst, das Wirken des Teufels und seiner Dämonen zu spüren, dann prüfe zuerst genau, worum es sich handelt, damit Du Dich nicht täuschen läßt. Die sichersten Werkzeuge für Deinen Schutz und diese Auseinandersetzung sind das Gebet und das Fasten. Dadurch kommt Klarheit in Dein Herz und in Deinen Leib.

vgl. Regula Benedicti Kap. 4,50; Vorwort 28

Schaffe Ordnung in Deinem Leben durch Eindeutigkeit im Denken und Reden. Ein wachsamer Rhythmus und überlegte Regelmäßigkeit, die nie stumpfsinnig und eintönig werden dürfen, können Dir Sicherheit geben. Der Teufel haßt das klare Wort und die Nennung seines Namens im Zusammenhang mit den heiligen Worten des Gebetes, den Namen der Heiligen und Jesu Christi. Der laut ausgesprochene Name: »JESUS CHRISTUS« weist ihn in Schranken.

Geweihte Gegenstände und heilige Zeichen schützen Dich: das Weihwasser, heiliges Öl, geweihte, brennende Kerzen, das Kreuz, die Bilder der Heiligen und die heiligen Bücher. Beachte aber, daß es sich wirklich um geweihte Gegenstände handeln muß. Wenn Du nur den materiellen Gegenstand benützt, der nicht durch Geist und Wort geheiligt ist, kann sich der Böse einschleichen und Unheil anrichten.

Mächtigster Schutz gegen den Teufel und seine Dämonen ist die Liebe zu Gott und die Verehrung der heiligen Engel. Sie sind der sicherste Schutz, den Gott uns gegeben hat, weil sie im Kampf gegen den Satan erfahren sind. Bete zu ihnen, den guten Geistern, vor allem zu Deinem Schutzengel. Durch die enge Beziehung zu den Engeln wird Dir Sicherheit und Weisung gegeben. Sie sind die Geistführer, die den Hinterhalt des Teufels zuerst erkennen. Sie führen durch die Regungen Deines Herzens, auch wenn um Dich herum die Auseinandersetzung tobt. »Gott hat seinen Engeln befohlen, uns zu behüten.« Sie stehen zu ihrem Auftrag, wenn Du Dich mit ihnen durch Deinen guten Willen verbündest. Suche eine geistige Beziehung zu ihnen aufzubauen und Du wirst praktische Hilfe erhalten. Laß Dich von ihnen leiten und Du wirst Deinen Lebensauftrag erfüllen. Dann wird der Teufel zwar toben und Dich angreifen, aber nie wird er Macht über Dich gewinnen.

Psalm 91,11

Lerne, wach zu sein und nimm bewußt das Leben in Dir und um Dich herum wahr. Die kleinen und großen Zeichen haben Bedeutung. Bete deshalb um die Gabe der Unterscheidung, damit Du die Geister und den Geist erkennst, der hinter den Äußerlichkeiten steht.

Gottes heiliger Geist selbst ist Dir zugesagt, wenn Du Gott liebst und seine Wege gehst. Er selbst wird bei Dir sein in der Auseinandersetzung mit dem Bösen, und unserem Gott sind auch der Teufel und die Dämonen unterworfen. Was immer sie auch unternehmen: Gottes heilige Pläne werden sie nicht stören. Im Gegenteil: Sie sind eingeplant in sein heiliges Wirken. Er ist der Herr. In ihm hast Du Sicherheit und Schutz, auch wenn Du in die Auseinandersetzung mit dem Bösen hineingezogen wirst. Diese Auseinandersetzung kann zur Läuterung Deines Herzens dienen. Sie führt Dich nicht von Gott weg, sondern stärkt Deinen Glauben und Deine Liebe für ihn.

Diese barocke Madonna steht seit Jahrhunderten in meinem Elternhaus in Parkstein (Oberpfalz)

ÜBER DEN WEG UND DAS ZIEL

Dein Leben ist ein Weg. Du bist auf diesen Weg gestellt worden und mußt ihn annehmen, selbst, wenn das meist schwer ist. Oft möchtest Du lieber einen anderen Weg gehen, der nicht so steinig, so steil und so mühsam ist. Dann schaust Du voll Neid auf die Möglichkeiten anderer und bedauerst Dich selbst. Es scheint, daß sie nicht mit so vielen Hindernissen zu kämpfen haben wie Du. Das bringt Dich in Versuchung, einen einfacheren Weg zu wählen. Du weichst aus. Zuerst sind es Ausreden, dann Entschuldigungen, sachliche, logische Argumente; oft sind es nur Sturheit und Engstirnigkeit Deines Egoismus, die Dich vom rechten Weg abzubringen scheinen. Glaubst Du wirklich, daß Du davonlaufen kannst vor den Menschen, vor Schwierigkeiten, vor Dir selbst oder gar vor Gott? Das ist unmöglich. Wundere Dich nicht, wenn Du Dir selbst oder Gott wieder begegnest! Er weiß um Deinen Irrweg, und in seinem liebenden Herzen hat er auch ihn eingeplant. Du findest das Ziel, das Dir bestimmt ist. Vielleicht ist es der Umweg, der Dir zeigt, was wesentlich und wichtig ist in Deinem Leben. Und Dein Ausweichen oder Stursein wird in der Güte Gottes aufgehoben und zur Flexibilität und Klarheit verwandelt.

vgl. Regula Benedicti Vorwort 43–48

Manchmal verfolgst Du ein Ziel mit Verbissenheit oder Begeisterung. Du hast nichts anderes mehr im Sinn und denkst, daß dieser Weg der einzig richtige ist. Täusche Dich nicht durch Dich selbst. Lerne, klug zu unterscheiden, ob Du nur Deinen Launen, oder der inneren Berufung folgst. Höre sowohl auf Deinen Verstand als auch auf Dein Herz und entscheide nie aus Haß, Neid oder Berechnung. Höre auf die Wegweisung Gottes. Sie ist klarer, als Du denkst, aber auch leiser als Deine eigene Stimme, oder die Stimme der Welt. Wenn Du im unklaren bist, dann halte ein wenig ein, geh langsamer, raste aus und schau auf die Dinge und Menschen, die Dir begegnen. Jedes kleine Gespräch, jedes Ereignis kann wichtig und bedeutend sein. Verfalle nur nicht dem Fehler zu resignieren und aufzugeben. Nicht das kleine, begrenzte Vorhaben, die Aufgabe oder irgendein Mensch ist das Ziel.

Der Weg ist das Ziel!

Immer werden wir unterwegs sein als Wanderer, oft müde, dann wieder froh und ausgelassen, oft zerschlagen und mutlos, dann jedoch wieder voll Vertrauen und Kraft. Und der Weg selbst, gerade das, was Du im gegenwärtigen Augenblick bewältigst, ist das Ziel. Morgen ist etwas anderes wichtig. Sorge Dich aber heute nicht darum! Es sei *vgl. Mt. 6,34* denn, Du hast jetzt die Aufgabe, es zu planen, denn »jeder Tag hat selbst genug Sorgen« – und Freuden.

Dein Leben wird zum Weg, wenn Du gehst. Sobald Du resignierst und stehenbleibst, verhärtet sich Dein Herz und Du wirst nur mit Mühe wieder in Bewegung kommen.

Ich denke, daß die Rechenschaft für unseren Lebensweg nicht darin besteht, viele äußere Ziele und Erfolge vorweisen zu können, sondern daß Du zeigen mußt, wie Du gegangen bist.

Denk daran, wenn Du meinst, viele großartige Dinge vollbringen zu müssen oder irgendwelchen Erfolgen nachzulaufen. Die Erfolge werden sich ganz von selbst einstellen, wenn Du Deinen Weg gehst. Achte daher nicht so sehr auf sie, weil Du sonst stehenbleibst.

Geh dennoch sorgfältig mit allen Ereignissen um und erfülle Deine Pflichten mit Liebe und Hingabe. Jede Aufgabe, jeder Ruf an Dich ist ein kostbarer Baustein Deines Weges und je sorgfältiger Du baust, desto leichter kannst Du gehen. Denk daran in guten und bösen Situationen. Beide können Dir helfen, weiterzukommen. Danke im Herzen für den Stein, der Dir in den Weg geworfen wird. Du mußt Dich zwar nicht unbedingt von ihm treffen lassen, ärgere Dich aber auch nicht darüber und wirf ihn vor allem nicht wütend zurück. Wenn Du ihn richtig gebrauchst, kannst Du Dir selbst einen festeren Weg damit bauen.

Und wenn Dich ein Freund oder Feind aufhält und nötigt, mit ihm zu gehen, dann versuche zu verstehen, daß möglicherweise gerade er es ist, der Dir im scheinbaren Umweg eine tiefe Wahrheit und Einsicht zeigt. Sie kannst Du nur mit Offenheit und großem Vertrauen annehmen. Laß Dich nicht täuschen von der Meinung anderer oder auch Deiner eigenen, die Dir sagt, Du würdest betrogen oder getäuscht oder Du seist hintergangen worden. Du kannst überhaupt nicht vom Weg abweichen, wenn Du auf die Führung Gottes vertraust. Kein Mensch, nicht einmal die Dämonen, können die Pläne Gottes mit Dir zerstören. Zwar kann vieles durcheinanderkommen. Doch zuletzt wird sich Gottes Plan durchsetzen, und er wird Dich durch alle Widerstände und Hindernisse führen.

vgl. Joh. 14,6 So wird Dein Weg dann gelingen, wenn Du Gott suchst. Christus sagt: »Ich bin der Weg, die Wahrheit und das Leben.« Was immer Du an äußeren Dingen tust, ist unwichtig. Jeder Beruf und Stand, jede menschliche Situation ist dazu geeignet, Gott näher zu kommen. Du kannst Gott in den vielen kleinen Dingen, im Glauben und im Handeln suchen – ja, sogar in Deiner Sünde und Verderbtheit; denn dem Sünder begegnet Gott mit der größten Aufmerksamkeit seiner Liebe. Wenn Du Gott auf Deinem Weg suchst, wirst Du trotz der Wolken am Himmel die Sonne spüren. In jedem Hindernis und jeder Kurve wirst Du seine liebende Fürsorge erkennen. Und wenn Du über einen Stein gestolpert und gefallen bist, wird das für Dich ein Anstoß zum Leben und nicht zum Verderben sein.

Hab keine Angst, daß Du zu Grunde gehst. Nicht einmal der Tod kann Dich schrecken, denn er ist nur die irdische Endstation, der Übergang des Weges zum ewigen Leben. Wenn Du durch Menschen bedrängt wirst, wenn man Dir Licht, Freude, Kraft und Leben nehmen will, dann denk nur an den nächsten Schritt.

Laß Dich nicht aus der Ruhe bringen, und Du wirst merken, daß sich die Freuden und Schrecken wiederholen. Dann wirst Du heiterer und gelassener werden. Und wenn Dir letztlich alle Schritte gleich geworden sind, wenn Du um des Weges, nicht um des Zieles willen gehst, werden die große Ruhe und der Frieden einkehren. Gott schenkt sie in seiner Liebe denen, die seine Wege gehen.

VON DER ARBEIT

vgl. Regula Benedicti Kap. 48

Das erste Ziel Deiner Arbeit, ob Du sie nun mit den Händen oder mit dem Verstand tust, ist nicht die Produktion einer bestimmten Sache, sondern die Verwandlung Deines Herzens. Deine Arbeit darf nicht sinn- und ziellos sein. Wenn sie zur nutzlosen und geistlosen Spielerei wird, ist sie ebenso unbefriedigend wie ein absolut leistungsorientiertes Schuften.

Wenn Du mit einer Arbeit beginnst, überlege Dir genau, was Du zu tun hast. Die Vorbereitung ist ebenso wichtig wie das Tun selbst. Scheue Dich nicht davor, auch mindere und weniger geachtete Arbeiten anzunehmen, auch sie können Dir Befriedigung und Erfolg bringen. Wenn Du aber eine Arbeit tun mußt oder willst, dann versuche, Dich sowohl mit Deinem Herzen als auch mit deinem Verstand darauf vorzubereiten. Wichtig sind die äußere und innere Einstellung, die Du zu dieser Arbeit hast. Dein Arbeitsplatz muß so geordnet sein, daß er sich für Dein Tun eignet. Das zeigt sich an den Werkzugen und am Schreibtisch. Sie sind ein Zeichen Deiner inneren Sammlung. Wenn Du Dich nicht auf die Arbeit vorbereitest, wirst Du nur darauf aus sein, die Aufgabe möglichst schnell hinter Dich zu bringen.

Die Vorbereitung auf die Arbeit löst außerdem viele Sperren, die sich manchmal aufbauen. Beachte vor allem kleine Details. Je liebevoller Du die kleinen Dinge beachtest, je wichtiger Du die Details für Deine Arbeit nimmst, desto mehr wirst Du Dich ihr widmen können. Du kennst dann das Werkzeug, das Papier und das Material. Glaube ja nicht, daß es unwichtig sei, eine Arbeit vorzubereiten, selbst wenn manche damit Hilfsarbeiter beauftragen. Jeder Meister seines Fachs weiß um die sicheren Handgriffe, mit denen er sich vorbereitet.

Zur Vorbereitung der Arbeit gehört auch das Lernen. Jede Arbeit will gelernt sein. Zuerst wirst Du nur zusehen, dann immer wieder üben und wiederholen bis nach langer Zeit mit der Routine Sorgfalt und Sicherheit in Deine Bewegungen kommen. Den guten Handwerker und Arbeiter erkennst Du an den geübten Griffen. Keine Unregelmäßigkeit beunruhigt ihn; er ist sich seiner Aufgabe, seiner Fähigkeiten und seines Werkstücks sicher. Diese Sicherheit kannst Du nur gewinnen, wenn Du treu gelernt und geübt hast.

Übung und Wiederholung darf nicht zur lieblosen Gewohnheit werden. Denke daran: Jedes einzelne Stück, das Du bearbeitest, soll ein Kunstwerk sein. Alles, was Du mit Deinen Händen oder mit Deinem Verstand schaffst, ist ja nicht nur ein abstraktes Etwas. Es ist ein lebendiger Teil von Dir! Du verwirklichst Dich selbst in Deiner Arbeit. Und umgekehrt bildet Dich selbst das, was Du tust. Der Ausspruch des Schmiedes ist bekannt: »Eisen bildet den Menschen.« Sinngemäß heißt das: Die Dinge, mit denen man umgeht, beeinflussen Dich. Es besteht eine Abhängigkeit zwischen Dir und Deiner Arbeit.

Jede Arbeit, die Du mechanisch und geistlos ausführst, entfremdet Dich dem, was Du tust und Dir selbst. Du entfaltest Dich in Deinem Werk, und Dein Werk entfaltet sich durch Dich. Deshalb sei dankbar für Werk und Werkzeug. Sie ermöglichen Dir einen Schritt zu Dir hin, um Dich selbst zu finden. Je mehr Du aber mit Deiner Arbeit und Deinem Tun eine Einheit bildest, desto mehr verwirklichst Du in Dir die Schöpfung Gottes. Arbeit ist nichts anderes als ein Dienst am Schöpfungsauftrag. Gott selbst hat uns die Fähigkeiten und Möglichkeiten gegeben, einen Teil seiner Schöpfung mitzuverwirklichen. Beachte dabei immer, daß es nie allein darum geht, etwas Materielles zu schaffen. Dein Denken und Handeln bei der Arbeit müssen die geistige Dimension sehen, sonst wird Deine Arbeit zum Selbstzweck. Wenn Dir das äußere Werk wichtiger wird als das innere Wachsen Deines Menschseins und der Schöpfung, wirst Du automatisch die Freude an Deiner Arbeit verlieren. Je mehr Du aber einsiehst, daß all Dein Handeln im großen Schöpfungsplan Gottes eingebunden ist, desto mehr wirst Du Dich über Deine Arbeit freuen.

vgl. Regula Benedicti Kap. 57, bes. V. 8

Heute ist bei vielen Arbeiten der lebendige Bezug zu dem, was erarbeitet wird, abhanden gekommen. Menschen stehen an Fließbändern und müssen oft stumpfsinnige und eintönige Bewegungen ausführen. Hier ist es besonders schwer, in dieser Arbeit einen Sinn zu sehen. Daß diese Menschen über kurz oder lang müde und verbittert werden, läßt sich leicht erklären: Sie haben keine Beziehung mehr zu dem, was sie tun und erkennen den inneren Sinn nicht mehr. Ihr einziges Interesse geht dahin, möglichst viel in möglichst kurzer Zeit zu verdienen. Daß dabei ihr geistliches Leben Schaden leidet, wird viel zu wenig beachtet. Solltest Du jemals in einer solchen Situation sein, dann versuche das Größere, das Ganze zu sehen. Lerne, die Zusammenhänge Deines Tuns zu erkennen. Es ist notwendig, unmenschliche Arbeitsbedingungen zu verändern oder sie verändern zu helfen.

Wichtige Unterstützung dabei kann eine Beziehung zu einem anderen Mitarbeiter sein. Das innere und äußere Wohlbefinden eines Menschen, aber auch der Erfolg seiner Arbeit, hängt nicht zuletzt von den Möglichkeiten ab, ein Gespräch aufzubauen oder eine Freundschaft zu schließen. Der Mensch will auch bei der Arbeit nicht nur als seelenloser Roboter fungieren, sondern als Mensch ernst genommen werden.

Freude findest Du an jeder Arbeit, die Du innerlich gelöst, absichtslos, selbstverständlich und mit Vergnügen tun kannst. Die Bedingungen dafür kannst Du Dir selbst schaffen. Vielleicht wirst Du dafür einen geringeren Lohn in Kauf nehmen müssen, aber der Friede Deiner Seele und Dein persönlicher Erfolg werden den geringeren materiellen Gewinn rechtfertigen.

Deine Mitarbeit an einem Werk, an der Schöpfungsordnung Gottes, muß sich immer einfügen in das größere Ganze. Sobald Du das rechte Maß verlierst, störst Du die Dynamik des Lebens. Wenn zum Beispiel mehr Dinge produziert als gebraucht werden oder wenn Erde und Umwelt rücksichtslos ausgebeutet werden, schadest Du Dir selbst am meisten. Sobald sich Deine Arbeit einfügt in das organische Wachstum und das Leben, wirst Du selbst zu neuem Leben finden.

VON DER GASTFREUNDSCHAFT

»Alle Gäste sollen wie Christus aufgenommen werden, denn er wird sagen: Ich war Gast und ihr habt mich aufgenommen.« So schreibt der Hl. Benedikt in seiner Klosterregel. Deshalb begegne einem Gast, der Dir die Ehre seines Besuches gibt, mit Liebe und Ehrfurcht.

Regula Benedicti Kap. 53,1

Die Technisierung des Reisens und der Kommunikation brachten es mit sich, daß der Wert des Gastes immer mehr gemindert wurde. Durch perfekte Verkehrsmittel scheint bei uns niemand mehr auf die Gastfreundschaft angewiesen zu sein. Die Menschen gehen und kommen – es ist schwer geworden, noch irgendwo einen Ort der Gastfreundschaft zu finden.

Wie wohltuend ist es, nicht nur der offenen Tür, sondern auch dem offenen Herzen zu begegnen!

Wenn Du einen Gast erwartest, dann gehe ihm entgegen. Wenn Du ihn schon nicht vom Bahnhof oder Bus abholen kannst, bereite wenigstens Herz und Gedanken auf ihn vor. Denk an die letzten Begegnungen mit ihm, an die Gespräche, vielleicht an die Enttäuschungen und erwäge alles in Deinem Herzen.

Bereite Dein Haus und Deine Wohnung vor. Es ist wohltuend, in einem sauberen, gut vorbereiteten Haus aufgenommen zu werden. Vermeide aber Übertreibungen, sie wirken peinlich. Deine Küche rüste mit den Dingen, die Dein Gast gerne hat. Du kennst ja seine Vorliebe für Essen und Trinken.

Nimm auf seine Schwäche Rücksicht, ohne ihn bloßzustellen. Und gib ihm Zeit und Möglichkeit zur Ruhe, zum Atmen, zum Entspannen. Ein Dauerunterhaltungsprogramm wird genauso belastend wie Langeweile. Es ist für einen Gast schwierig, vor dem Fernseher zu sitzen oder stundenlang Dias anzuschauen. Widme Dich ihm persönlich und schenke ihm Deine Aufmerksamkeit.

Es könnte ja sein, daß er es ist, der Dir eine wichtige Botschaft zu bringen hat. Je überraschender ein Gast kommt, umso sorgfältiger höre zu, was er zu sagen hat. Er ist sicher ein Gesandter Gottes, denn in jedem Gast wird Christus sichtbar.

Manchmal stöhnen Menschen, wenn sie einen bestimmten Gast erwarten, weil sie sich an seinem Sprechen und Verhalten stören. Dann denk daran, daß Du die Gäste bekommst, die Du verdienst. Wenn Du selbst nicht wagst, offen mit ihnen zu sprechen und Deine eigene Person verleugnest, mußt Du damit rechnen, daß sie Dich ärgern oder langweilen. Aber selbst die Langweiligen können Dir eine wichtige Botschaft bringen: »Sei ehrlich zu Dir und zu mir.«

Rüste Dein Herz und Dein Haus für den überraschenden Besuch, indem Du immer so viel notwendige Dinge bereithältst, daß Du einem Gast etwas von Dir selbst vorsetzen kannst. Verzichte auf Dauerkonserven und alltägliche Süßigkeiten. Sie kann man überall bekommen.

Der überraschende Gast kann ein Bote sein, der Dir Antwort auf Deine wichtigsten Fragen gibt oder ein Wort von Dir sucht. Hab keine Angst, Zeit oder gar Vermögen zu verlieren! Du schenkst ja nicht nur dem anderen, sondern wirst auch selbst beschenkt. Höre genau auf das, was Dein Gast von Dir annimmt, oder Dir sagt. Vielleicht will er nur etwas für sich, und doch ist es entscheidend für Dich, weil er ja nicht ohne Grund zu Dir kommt.

Mehr als alle äußeren Gaben, als Essen und Trinken, wiegt Deine Bereitschaft, ihn aufzunehmen; denn mit jedem Gast nimmst Du Christus selbst auf. Du wirst ihn oft nicht erkennen, weil er in alltäglichen Kleidern erscheint. Aber Du sollst wissen, daß er immer auf dem Weg zu Dir ist. Vor allem in der Gestalt der Kleinsten, Unbedeutendsten und Unscheinbarsten ist er unterwegs. Wenn Du verstehst, wirklich zu sehen, wirst Du nicht nur irgendjemandem, sondern dem Gesandten Gottes selbst Obdach geben. Du wirst Dich dabei selbst mehr erkennen, und Friede und Freude des Gastes werden Dich reich beschenken.

Meine früheste und liebste Kindheitserinnerung ist die Gastfreundschaft, die ich im Hause meines Onkels und meiner Tante bei meiner Großmutter erleben durfte. Ich spüre noch heute die Freude in mir, die diesen seltenen Besuchen vorausging. Wenn wir endlich in den großen Hof fuhren und uns die Großmutter sah, dann lief sie zum Brunnentrog, wusch sich die Hände und kam uns entgegen. Dem Hofhund sagte sie noch schnell, daß wir »dazu« gehörten, dann führte sie uns ins Haus. Auf diesem Weg mußte sie ihre Schürze gewechselt haben, denn wie durch eine wunderbare Zauberei stand sie plötzlich vor uns in der schönen, gestärkten Schürze, die nach Blumen roch und leise raschelte.

Ihre einzige Forderung an uns war, unsere Schuhe auszuziehen, wenn wir in die gute Stube geführt wurden, deren Dielenboden so weiß gescheuert aussah, als wäre er gerade erst für uns geputzt worden. Wir mußten am großen Ecktisch Platz nehmen, und sie saß uns gegenüber auf der Ofenbank. Dann sagte sie jedesmal: »Jetzt erzählt einmal. . .«

Mutter und Vater redeten, und ich suchte, mir Gehör bei der Großmutter auf der Ofenbank zu verschaffen. Sie hörte zu, aufmerksam, liebevoll, mit Verwunderung und Staunen und sagte selbst sehr wenig. Aber sie nahm sich Zeit. Zwischendurch kamen andere Verwandte, die uns begrüßten. Den größten Eindruck aber machte die Großmutter auf mich, die Zeit hatte und zuhörte.

Die Arbeit ruhte, wenn wir bei ihr waren. Sicher mußte sie am nächsten Tag mehr arbeiten, aber die Freude über den Besuch war ihr wichtiger. Und so, mit der gleichen Aufmerksamkeit, empfing sie alle Besuche, auch Fremde.

Ich wartete gespannt auf den Augenblick, wenn sie aufstand und sagte: »Ich richte jetzt a bißerl was.«

Ich kannte ja ihre Kochkunst und freute mich darauf. Sie ging aber nur von uns weg, wenn ein anderer Verwandter bei uns blieb, als ob es unhöflich gewesen wäre, die Gäste allein zu lassen.

In der Küche mußte ihr wohl immer jemand geholfen haben. Ich aber hatte damals eher den Eindruck von »Tischlein deck dich«, denn sie vermittelte nie das Gefühl der Hast oder des Aufgeregtseins. Sie legte ein zusätzlich neues Tuch auf den Tisch und holte das »gute Geschirr« heraus. Ich bekam als Kind immer eine süße Eierspeise, die ich so gut nie mehr wieder gegessen habe. Meine Eltern schämten sich oft über meinen Appetit, aber die Großmutter freute sich. Sie schnitt immer frisches Brot an, über das sie mit dem Messer den Segen machte und ein ganz besonders gutes Stück Fleisch. »Es ist was von dem unsern,« sagte sie dabei.

Zum Schluß brachte sie das »Eingemachte«, die Früchte aus ihrem Garten. Ich wußte, daß es jene besonderen Gläser waren, in die sie die wenigen Trauben von der Südseite des Hofes als Kostbarkeiten gemischt hatte. Sie besaß ja nur einen einzigen Weinstock.

Und dann erzählte sie von der Heiligenlegende, die sie jeden Tag las, und von den Ereignissen früherer Zeit, die sich um diese Zeit oder gerade an diesem Tag zugetragen hatten.

Einmal war ich über Nacht bei ihr in ihrer Kammer, die nach frischer Wäsche und Rosmarin duftete. Als sie mich zu Bett brachte, erzählte sie mir von den Engeln im Himmel auf den Wolken. Ich kann mich heute noch an das Gefühl erinnern, ein Engel zu sein; denn meine nackten, kleinen Zehen fühlten das Schaffell vor dem Bett: Es war weich wie die Wolken des Himmels.

Wenn wir dann aufbrechen mußten – die Zeit war immer viel zu schnell vorbei – versäumte sie es nie, in den Garten zu gehen und uns einen Blumenstrauß »für die daheim« mitzugeben. Ich sehe sie noch vor mir, wie sie die Blumen mit Wasser bespritzte, damit sie ja lange frisch blieben.

Ihr »Pfüati Gott« (Behüt' Dich Gott) war verbunden mit dem Auftrag, im Friedhof die Toten zu besuchen. Sie würden sich über einen Besuch ebenso freuen wie sie selbst.

Viele Jahre sind seitdem vergangen. Die Erinnerungen wurden durch die Zeit verklärt. Aber geblieben ist in mir der tiefe Eindruck der Gastfreundschaft einer Frau, die ich für mich und meine Gäste immer noch zu erreichen suche.

Gastfreundschaft ist eine Haltung des Herzens. Sie ist das tiefe, innere Wissen, daß der Gast und Fremde, der mich besucht, gleichzeitig ein Teil von mir ist. Wenn ich einen Fremden aufnehme, nehme ich mich selbst an und Jesus Christus, den Boten des allmächtigen Gottes.

ÜBER DAS FASTEN

Das Fasten ist ein Heilmittel für Leib und Seele. Wenn Du fasten willst, prüfe zuerst Deine innere Einstellung.

vgl. Regula Benedicti Kap. 49

Fasten ist nicht Hungern. Nicht um abzunehmen und schlank zu werden, kannst Du es tun, sondern wenn Du eine geistliche Erfahrung machen willst. Dann wird Dir das Fasten helfen. Du mußt Dich frei von allen Zwängen dafür entscheiden. Hungern ist immer erzwungen durch die Meinung, zu dick zu sein. Manchmal hungert jemand auch aus Trotz gegen Vater und Mutter, aus Minderwertigkeitskomplexen, aus Eitelkeit oder aus anderen psychischen Gründen. Dieses Hungern führt zur Magersucht, einer Krankheit, die medizinisch und psychologisch behandelt werden muß. Das Ziel dieser Krankheit ist der langsame Tod.

Ziel des Fastens hingegen ist das geistliche Leben. Du verzichtest auf die Nahrung und erfährst die grundlegenden Ängste und Versuchungen des Menschen. Es gibt zwei Möglichkeiten zu fasten. Entweder Du entscheidest Dich, überhaupt keine feste Nahrung mehr zu Dir zu nehmen und nur noch Wasser, Tee oder Fruchtsäfte zu trinken. Oder Du reduzierst die Nahrung schrittweise jeweils um die Hälfte. Der erste Weg wird von vielen als leichter angesehen, weil sich der Körper nach vier bis fünf Tagen an die Nahrungslosigkeit gewöhnt hat und aus den eigenen Reserven schöpft. Dann läßt das Hungergefühl nach.

Bei der zweiten Methode wird der Magen immer wieder gereizt, und das Hungergefühl läßt nur langsam nach. Beachte bei beiden Methoden, daß Deine Ausscheidung (Stuhl und Urin) regelmäßig ist. Bei der ersten Methode empfiehlt es sich außerdem, den Darm zu reinigen. Einschlägige Anweisungen findest Du in Büchern, die Fastenkuren beschreiben.

Wichtiger als die äußeren Methoden aber sind die inneren Vorgänge.

Zuerst einmal wirst Du Hunger verspüren, der sich immer mehr verstärkt. Deine Phantasie wird um das Essen kreisen und die Vorstellung, auf irgendeine Weise

Nahrung zu Dir zu nehmen, wird Dich schwer zur Ruhe kommen lassen. Du wirst versuchen, Dich selbst auszuspielen und Tricks erfinden, um das Hungergefühl zu vertreiben. Hilfreich sind in diesen Situationen Gespräche mit Vertrauten oder die ganz normale Alltagstätigkeit, die Du mit großer Sorgfalt und Hingabe ausführen sollst.

Das Hungergefühl wird nachlassen, aber in Wellen wiederkommen. Je öfter Du mit der Versuchung zu essen fertig geworden bist, desto leichter wird es Dir fallen.

In diesen Phasen stellt sich Unruhe ein, die Du jetzt bewußter wahrnimmst. Weil der Körper weniger mit der Verdauung beschäftigt ist, wirst Du überhaupt bewußter und empfindsamer. Die Unruhe kann in Dir aber auch tiefe Gefühle wachrufen. Manchmal wirst Du Dich aggressiv, beleidigt oder apathisch erleben. Stimmungen können schnell wechseln! Traurigkeit und Freude zum Beispiel werden Dich jetzt mehr beeinflussen als unter normalen Umständen.

Du wirst auch intensiver sehen und hören. Der Geschmackssinn verfeinert sich, sodaß manche sogar mit dem Rauchen aufhören, weil ihnen die Zigaretten nicht mehr schmecken. Die gesteigerte Wahrnehmungsfähigkeit wird Dir dazu verhelfen, intensiver zu leben und zu erleben.

Du wirst Deine Ablehnung und Liebe zu Menschen und Dingen entdecken und sie Dir eingestehen. Du kannst Deine Überheblichkeit verspüren, aber auch Deine falsche Bescheidenheit. Zorn und Wutausbrüche, Trauer und Melancholie werden nicht nur Dir, sondern auch Deinen Mitmenschen zu schaffen machen. In dieser Phase wirst Du wieder nach Möglichkeiten suchen, das Fasten abzubrechen oder Dich selbst in den Vordergrund zu rücken. Du willst dann anerkannt und gelobt sein und Deine Person sucht Achtung und Ehre. Selbst das Fasten wirst Du als großartige Tat darstellen.

Eine weitere schwierige Phase wird Dich in Deiner Seele bedrängen. Du suchst den Sinn des Lebens für Dich, Dein Handeln und Denken. Wer ist Gott für Dich? Wie stehst Du zu ihm? Was glaubst Du? Wieviel Vertrauen hast Du?

All diese Fragen werden Dich bedrängen, und Du mußt Dir selbst Antwort darauf geben. Du wirst von Zweifeln geplagt und in innere Unsicherheit gestürzt. Dein Glaube kann erschüttert werden, dann wird das Gebet zum einzigen Halt – aber es ist trocken und dürr.

Da Du immer weniger Dinge als entlastend oder als Freude empfindest, wirst Du einsam werden. Es ist die Einsamkeit des suchenden Herzens, das in seinem Vertrauen geprüft wird. Diese Versuchungen können hintereinander, aber auch miteinander oder in einer anderen Reihenfolge kommen. Sie sind ein Zeichen des echten Fastens. In solchen Fällen hat es sich bewährt, sich unter die Leitung eines erfahrenen Lehrers zu stellen. Er wird Dir Sicherheit geben können.

Wenn Du alle diese Auseinandersetzungen durchgestanden hast, wirst Du ruhiger werden. Der Körper wird Dich nicht mehr so sehr quälen, und Friede wird in Dein Herz einkehren. Du wirst entdecken, daß Fasten nur ein Einüben des Todes ist. Du stirbst ja wirklich ein wenig, indem Du dem Körper die Nahrung entziehst.

Die Einsamkeit wirst Du bewußt erleben und ertragen. Du wirst Dich nach der Freude eines gemeinsamen Mahles sehnen, und es wieder neu schätzen. Du lernst mit Deinen Schwächen und negativen Kräften umzugehen und entdeckst Seiten an Dir, die Du früher nicht gekannt hast. Vor allem aber lernst Du, die Grundangst des Menschen vor dem Tod zu überwinden. Da Du bewußt das »Sterben« Deines Körpers annimmst, verlierst Du die Angst davor. Du weißt jetzt: Das Vergängliche wird vergehen, Deine Seele wird bleiben.

Es ist kein Wunder, daß manche Menschen behaupten, viele Krankheiten könnten durch Fasten geheilt oder zumindestens erleichtert werden. Ich selbst habe erlebt, daß etwa Hautkrankheiten zum Stillstand kamen oder ganz verschwanden. Denn durch das Fasten werden Körper und Seele gereinigt und aktiviert. Ziel des Fastens ist das Leben. So wie am Ende jeder Fastenzeit das Osterfest steht, wirst Du nach Deinem Fasten neues Leben gewinnen.

Ostern feiern heißt: Die Angst vor dem Tod überwunden haben. Du tauchst ein in die Freude, die Dir das Leben gibt und spürst die innere Kraft, die aus dem Glauben kommt. Er sagt Dir, daß der Tod keine Macht mehr hat.

vgl. Regula Benedicti Kap. 49,7

Fasten und dann Ostern feiern vermitteln Dir die Kraft zum Leben in dieser Welt und führen Dich jetzt schon in die Nähe Gottes. Du wirst klarer und angstfreier entscheiden können. Der Teufel kann Dich zwar bedrängen, aber nicht mehr überwältigen; – denn Du weißt, daß nach jedem Tod, jeder Sünde, jedem Versagen die Vergebung und die Auferstehung möglich sind! Du hast das selbst durch das Fasten und die Feier des Osterfestes an Deinem eigenen Leib erfahren und bist so in Deinem Glauben gestärkt worden.

VOM FESTFEIERN

Dein Leben wird grau und eintönig, wenn Du keine Feste mehr feiern kannst oder willst. Wie das Ziel des Fastens immer das Osterfest, die Auferstehung ist, so ist das Fest der Sonntag im Alltagstrott, die Feier der Seele, die einer inneren Wirklichkeit des Lebens Ausdruck geben möchte. Ein Fest ist die heilige Zeit, in der Leib und Seele sich erholen und das Herz sich freuen darf.

Natürlich ist viel Arbeit nötig, um ein Fest gelingen zu lassen, vor allem, wenn Du selbst ein Fest gestaltest oder unmittelbar davon betroffen bist. Doch der Aufwand lohnt sich immer. Du wirst selbst gestärkt und die Gemeinschaft mit anderen Menschen wird gefestigt.

Viele Feste in der Gegenwart werden gefeiert, ohne daß sie Sinn und Inhalt haben. Meist ist dieser Sinn verloren gegangen. Ein solches Fest mißlingt, weil niemand für den Sinn Verantwortung übernehmen kann. Keiner will mit ganzem Herzen dabei sein.

Das Weihnachtsfest wird für viele Menschen zur Belastung, weil sie sich wohl große Geschenke machen, aber keine Beziehung zum eigentlichen Anlaß dieses Festes haben. Sie beschenken sich gegenseitig, nehmen aber das Geschenk dieses Festes nicht mehr wahr und an. Sie können nicht an das Geschenk Gottes, an Jesus Christus glauben, der in diese Welt gekommen ist. Ein Fest kannst Du nur dann feiern, wenn Du glaubst, daß sich hinter dem äußeren Anlaß eine innere Wirklichkeit verbirgt. Wenn Du einen Anlaß hast, um ein Fest zu feiern, überlege Dir gut, ob er es wert ist, daß Du mit anderen zusammen feierst. Tue das lieber selten und dafür mit größerem Einsatz und tieferer Überzeugung.

Zum Fest gehört schon die Vorbereitung, auch die Aufregung.

Am schönsten ist es, wenn Du mit anderen bei der Planung zusammenarbeiten kannst. Suche Dir Freunde, die Dir bei dieser Arbeit gerne helfen.

Zur Planung gehört es, den Festverlauf festzulegen. Verhindere aber nie durch ein zu starres Programm die notwendigen Freiräume oder Spontaneität. Ohne ein Programm verläuft Dein Fest in der Gefahr, oberflächlich zu werden. Anfang und Ende geben dem Fest einen Rahmen und Dir und Deinen Gästen Sicherheit. Die Gäste langweilen sich, wenn sie nicht wissen, was geschieht, oder geschehen soll und verlaufen sich, wie das Fest selbst, das keinen inneren Zusammenhalt hat.

Lade Deine Gäste früh genug persönlich ein, wenigstens durch eine Karte oder durch einen Brief, den Du selbst gestaltest. Schreibe von Deiner Freude oder Deiner inneren Bewegung, die Dich veranlaßt hat, ein Fest zu feiern, an dem Du Deine Gäste teilnehmen lassen möchtest.

Noch vor wenigen Generationen war es in meiner Heimat üblich, daß ein »Festtagslader« beauftragt wurde, die Gäste zum Fest einzuladen. Er überbrachte persönlich die Einladung und erläuterte den Inhalt und den Verlauf des Festes. Dadurch gewannen die Geladenen eine persönliche Beziehung zum Fest und zum Anlaß.

Zu einem echten Fest gehören Musik, auch der Tanz, die festliche Kleidung, gutes und reichliches Essen und Trinken, ein festlich geschmückter Raum oder Platz und vor allem eine Festtagsrede, die an den Anlaß des Festes erinnern soll. Achte darauf, daß diese Rede nicht langweilig, ermüdend oder unsachlich wird. Sie darf fröhlich sein und soll nicht durch Spott und Ironie andere verletzen. Ein Fest, das nur durch laute Musik und viel Essen gestaltet wird, ist kein Fest, weil der innere Anlaß fehlt.

Dieser innere Anlaß ist der Mittelpunkt und das Zentrum des Festes. Ohne ihn fehlt die gemeinsame Zielrichtung. Der innere Sinn kann Dir dadurch deutlich werden, daß Du Dich mit allen Feiernden auf die innere oder geistliche Wirklichkeit besinnst.

In vielen Kulturen und Völkern wird bei einem Fest ein Gottesdienst gefeiert. Nimm immer daran teil, auch wenn Du einer anderen Religion oder Kultur angehörst. Zu diesem Gottesdienst gehört festliche Musik, das Gebet, vor allem der Segen und oft auch eine rituelle Handlung. Beteilige Dich mit Ehrfurcht daran, auch wenn Du diese Handlungen nicht verstehst. In den Gottesdiensten wird meist die Erinnerung an einen bestimmten Anlaß, oder ein bestimmtes Ereignis wachgerufen und mit dem Handeln Gottes in dieser Welt, das er uns immer wieder schenkt, in Beziehung gesetzt.

Die Geburt wird durch die Taufe, die Hochzeit durch das Ehesakrament, die Totenfeier durch den Totenkult zu einem Fest.

Wenn Du zu einem Fest geladen wirst, dann verwende nicht nur Mühe auf die Auswahl eines Geschenkes, sondern schmücke Dich selbst. Trage Deine besten Kleider, putze Dein Fahrzeug, auch Dein Haus, wenn in Deiner Gemeinde gefeiert wird. Tu dies alles nicht nur um Deinetwillen, sondern um des Festes willen. Versuche, als Gast bei einem

Fest, Deine Beziehungen zu den Menschen, die Du triffst, zu ordnen. Feindschaften, persönliche Spannungen und Mißverständnisse können ein Fest zerstören. Es ist mehr als ein guter Brauch, daß vor oder bei einem Fest Versöhnung zwischen den Menschen gestiftet wird. Laß Dich versöhnen!

Mit Freude wirst Du Menschen treffen, die Du lange nicht mehr gesehen hast. Es ist gut, die Verbindung und die Erinnerung an Gemeinsamkeiten wachzurufen. Sie zeigen Dir, daß Du in Deinem Leben nicht allein bist.

Je mehr Du Dich selbst an dem Fest beteiligen kannst, je mehr Menschen dazu motiviert sind, desto besser wird das Fest gelingen. Der Zuschauer beim Fest, der sich weder innerlich noch äußerlich beteiligt, behindert die Freude.

Je größer das Fest ist, desto mehr wird zwar die Arbeit, umso deutlicher wird aber auch die Möglichkeit und die Notwendigkeit, einzusehen, daß wir Menschen aufeinander angewiesen sind und nur miteinander leben können.

Wenn eine ganze Gemeinde ein Fest begeht, dann hilf mit, die Straßen und Plätze, die Häuser und Räume zu schmücken. Empfinde dies nicht als eine Last, oder als einen überflüssigen, alten Brauch. Du kannst mithelfen, daß Deine Lebensgemeinschaft einen festlichen Tag erleben kann.

Zum Fest lade auch die ein, die nicht an der Sonnenseite des Lebens stehen. Denk bei allen Festen an die Armen, die Leidenden, vor allem an die verschämt Armen und Zurückgezogenen. Du wirst fröhlicher feiern und besser leben können, wenn niemand ausgeschlossen ist. Jesus sagt sogar, daß wir an die Zäune und Wegkreuzungen gehen sollen, um Menschen zu finden, die mit uns ein Fest feiern. Du hast sicher in Deiner Verwandtschaft oder Bekanntschaft Menschen, die vergessen worden sind und alleingelassen bleiben, wenn Du Dich nicht ihrer annimmst. Lade sie zu Deinem Fest ein und bitte sie, die Freude des Festes mit Dir zu teilen. Sicherlich werden oft Verbitterung, Trauer und Hoffnungslosigkeit überwunden werden müssen. Aber wenn das Fest gut geplant und viele Menschen mit offenem Herzen bereit sind, auch das Schwierige anzunehmen, dann wird ein Fest gelingen.

Bei einem Fest laß den beteiligten Menschen auch Zeit zur Ruhe. In diesen Freiräumen sollten sich die Gäste miteinander unterhalten und sich näherkommen können. Ein Dauerprogramm wird zur Belastung, genau wie ein Fest ohne Ideen. Das gute, ausgewogene Maß wird auch hier entscheidend sein.

Nach dem Fest muß aufgeräumt werden. Auch das ist ein Teil des Festes. Dabei ist wichtig, daß Zeit ist, über alles zu reden, was sich auf dem Feste ereignet hat, was alles geschehen ist, wer da gewesen ist, was gemacht wurde. Das gemeinsame innere und äußere Aufräumen des Festes dient der Reinigung und der Vervollkommnung der Freude. Je mehr Menschen mithelfen aufzuräumen, desto weniger wird die Belastung für einzelne sein. Dabei wirst Du feststellen, daß Festfeiern eine befreiende und schöne Arbeit ist, die eine große Gemeinsamkeit mit anderen Menschen ermöglicht.

Je mehr eine geistige und geistliche Dimension in das Fest integriert wurde, desto schöner wird es sein. Bleibt es nur im Irdischen, Alltäglichen hängen, verflacht es. Je mehr die geistige Dimension, der Urgrund unserer Existenz, d.h. Gottes Gegenwart selbst in der Festfeier spürbar wird, desto tiefer und nachhaltiger wird der Eindruck des Festes.

Gottes Wirklichkeit und die Erfahrung seines Heils und seiner Schöpfung ist der Urgrund für jede Festesfreude. Zum Fest gehört deshalb die Dankbarkeit gegenüber anderen und gegenüber Ihm, der uns den Urgrund für jedes Fest gegeben hat. Das Fest der Feste ist das Osterfest. An ihm feiern wir die Überwindung des menschlichen Todes, aller menschlichen Begrenztheit. Gott selbst bereitet Dir einmal dieses ewige Fest, an dem Du in der Einheit mit ihm und mit anderen Menschen teilnehmen wirst. Wenn Du in diesem Leben gelernt hast, Feste zu feiern, dann erahnst Du bereits jetzt in dieser Welt, welch große Herrlichkeit und Freude Gott Dir bereitet. Festfeiern mußt Du lernen, weil es die Einübung des ewigen Lebens bei Gott ist.

ÜBER RHYTHMUS UND REGELMÄSSIGKEIT

vgl. Regula Benedicti Kap. 8–20

Dein Leben unterliegt einem heiligen Rhythmus. Du atmest und Du lebst. Jede Zelle Deines Körpers ist in Bewegung. Diese Bewegung ist nicht zufällige Trance, sondern sie entfaltet sich in einer Regelmäßigkeit und gibt Dir selbst das Leben. Jede Bewegung unterliegt dem heiligen Gesetz Gottes. Willst Du Dein Leben voll zur Entfaltung bringen, dann mußt Du Dich dieser Regelmäßigkeit und diesem heiligen Rhythmus unterwerfen. Sobald Du diese heilige Ordnung störst, wirst Du an Deiner Seele oder an Deinem Leib erkranken. Deshalb ist es notwendig, diese Ordnung in Dein Leben zu bringen. Du brauchst bestimmte Zeiten des Schlafens, der Arbeit, der Freizeit, der Ruhe. Weil Körper und Seele eine Einheit sind, ist geistliches Leben nur dann zu erreichen, wenn Du Dich darum bemühst. Das beginnt damit, daß Du am Morgen Deine Gedanken, Deinen Körper und Deine Seele ordnest.

Es ist gut, wenn du jeden Morgen zu einer bestimmten Zeit aufstehst. Bevor Du mit der Reinigung Deines Körpers beginnst, ordne zuerst Deine Gedanken und Deine Gefühle. Lege Dich ruhig auf den Rücken und beginne in einem heiligen Rhythmus zu atmen. Der sogenannte »Mutteratem« hat sich für diese Übung bewährt. Atme langsam ein, während Du in Gedanken bis 7 zählst. Bei 8 halte den Atem an und dann atme aus, während Du wieder bis 7 zählst. Nun hältst Du wieder den Atem an. Dieser Atemrhythmus entspricht am ehesten unserem Körper und unserer Seele. Nimm Dir für diese Atemübung etwa 10 Minuten Zeit. Laß Gedanken aufsteigen, die Dir für den kommenden Tag wichtig sind. Nimm sie an, laß sie durch Dich hindurch gehen. Das Beunruhigende und Aufregende akzeptiere ebenso wie das Schöne und Erfreuliche.

Sollte Dir ein Ereignis des Tages Schwierigkeiten machen, dann erwäge es besonders liebevoll in Deinem Herzen. Suche eine große, tiefe Einstellung zum Schwierigen zu gewinnen und weise keinem anderen Menschen oder einem Vorgang Schuld zu. Das ist nicht einfach und erfordert große Kraftanstrengung. Du wirst es nicht von Anfang an erreichen können.

Dann wende Deine Gedanken Gott, dem allmächtigen Vater und Schöpfer allen Lebens zu. Danke ihm für Dein Leben, für Deinen Atem, für Deine Gedanken, für die

Menschen und die Ereignisse. Lege vertrauensvoll alles in seine Hände und bitte um Wachheit, um Liebe und um Vertrauen. Erst nach dieser Übung sorge für Deinen Körper. Laß' Dir auch dafür Zeit.

Während des Tages schaffe Dir die Möglichkeit für einige Minuten der Besinnung. Es gibt so viele Freiräume auch in der Hast des Lebens. Wenn Du auf den Bus, auf einen Besuch wartest, ein Telefongespräch nicht sofort erledigen kannst. – In diesen Minuten ärgerst Du Dich oft über Dich und andere. Mache Dir diese Zeiten bewußt zu einem Freiraum, in dem Du Dich sammelst und ordnest. Dein Ärger kann weder Bus- noch Telefonverbindung schneller herbeiführen. Du kannst aber warten und durch Geduld zu einer positiven Haltung finden. Dann wirst Du entdecken, wieviel Zeit Du hast, zur Besinnung zu kommen und wieder eine Richtung in den Tag zu bringen.

Am Abend, bevor Du Dich schlafen legst, danke Gott noch einmal für den Tag. Leg Dich wieder auf den Rücken und versuche, den oben beschriebenen Atem zu finden. Laß Dir genügend Zeit dafür. Gehe noch einmal in Gedanken liebevoll alle Ereignisse des Tages durch. Laß Dich von den schwierigen und schmerzhaften Erlebnissen nicht abschrecken. Sie sind ein Fingerzeig und können eine große Hilfe sein. Wenn Du den Tag so abgeschlossen hast, dann versuche im Geist, Dir den kommenden Tag vorzustellen. Wenn es gilt, eine große Schwierigkeit zu bewältigen, laß diesen Vorgang in Deinem Innern lebendig werden. Mache Dir alle Details bewußt und nimm sie an. Hüte Dich aber davor, Dich mit Deiner Phantasie an den Schwierigkeiten festzukrallen. Du kannst sie in diesem Augenblick nicht lösen. Du kannst nur offenen Herzens auf diese Situation zugehen.

Hilfreich ist es in diesem Augenblick, Dir eine kleine Situation zu vergegenwärtigen, die Dir spontan einfällt. Gehe diese Situation bis in alle Einzelheiten durch. Du kannst Dir zum Beispiel vorstellen, daß Du einen Brief schreiben mußt. Überlege Dir dabei, wie Du Dich an Deinen Schreibtisch setzt, Papier und Stift zur Hand nimmst und welche Inhalte Du zu Papier bringen möchtest. Dann schreibe diesen Brief in Gedanken und schließe ihn ab.

Nach einigen Tagen solcher Übung wirst Du plötzlich entdecken, daß es Dir wesentlich leichter fällt, mit vielen schwierigen Situationen des Lebens fertig zu werden. Erwarte aber nicht, daß der Erfolg sofort eintritt. Körper und Geist brauchen die Übung. Nur wenn Du Dich selbst regelmäßig an diese Übungen gewöhnst, wirst Du Ruhe und Ausgeglichenheit finden.

Regelmäßigkeit und Rhythmus sind nicht gleichzusetzen mit Stumpfsinn und Sturheit. Sobald Deine Übungen stumpfsinnig und belastend werden, mußt Du genau auf die Widerstände achten, die sich gegen diese Übung aufbauen. Setze Dich in Deinem

Innern mit diesen Mühen auseinander, dann wirst Du sie in der Realität leichter bewältigen können.

Zur Regelmäßigkeit des Lebens gehört auch die alltägliche Reinigung Deines Arbeitsplatzes, Deiner Wohnung, Deiner Beziehungen. Es ist heilsam, wenn Du Dir für diese tägliche »Hausarbeit« genügend Zeit nimmst. Oft wirst Du Dir denken, daß Dir die Zeit dazu fehlt. Wenn Du aber bedenkst, wieviel Zeit Du unnötig mit belastenden Gedanken, mit Wut, Ärger, Stumpfsinn und Resignation verschwendest, wirst Du entdecken, wieviele Freiräume in Deinem täglichen Leben noch zu finden sind.

Zur Regelmäßigkeit gehört auch die Pünktlichkeit. Wenn Du Dich mit einem Menschen verabredet hast, dann versuche, die Zeit einzuhalten. Sage eine Verpflichtung nur in ganz dringenden Angelegenheiten ab. Sei dabei so ehrlich wie möglich und hüte Dich vor fadenscheinigen Ausreden. Es geht dabei nicht nur um den anderen, dessen Gefühle und Menschlichkeit Du verletzt, sondern um Deine eigene Treue und Zuverlässigkeit. Durch Deine Treue zu Dir selbst wird das Vertrauen zu anderen gestärkt. Auch wenn Dir viele Verpflichtungen so vorkommen, als ob sie Dich zu einem stumpfsinnigen Dasein zwingen, nimm sie immer als Möglichkeiten und Freiraum an. Der seelische Tod kommt meist nicht aus der großen äußeren Belastung, sondern aus der Unklarheit und Unbewußtheit des Herzens.

Oft wirst Du in Deinem Leben erfahren, daß Du viele Dinge nicht mehr steuern kannst oder daß das Chaos um Dich herum ausbricht. Du hast dann das Gefühl, im Strudel des Alltags unterzugehen. Gerade in solchen Situationen aber wird sich Dein eigener, innerer Rhythmus bestätigen. Solange Du Dich in Deinem Herzen sicher fühlst, solange Du in Deinem Innern nicht aus der Ruhe zu bringen bist, wirst Du auch im Chaos nicht untergehen. In solchen Situationen bewähren sich kleine Übungen am Morgen und am Abend. Du findest in ihnen Sicherheit und Ruhe.

vgl. Regula Benedicti Kap. 39–41

Gewöhne Dich an eine Regelmäßigkeit im Essen und Trinken. Du wirst entdecken, daß Dein Körper sich an ein gesundes Maß gewöhnt und es Dir durch Gesundheit dankt. Vor und nach dem Essen verbinde Dich in Gedanken mit allen Menschen und allen Geschöpfen, in einem Gebet oder nur in einem positiven Gedanken. Du nimmst von dem Leben und gibst für das Leben.

Lebe im Rhythmus des Jahres und Deines Lebens. Das Frühjahr spricht eine andere Sprache als der Herbst. Im Sommer ist anderes zu tun als im Winter. Es gibt eine Zeit des Säens und eine Zeit des Erntens, auch in Deinem Leben. Sei nicht traurig darüber, daß nach jedem Sommer der Herbst und der Winter kommen. Die Knospen am winterlichen Baum werden im Frühjahr neues Leben bringen. Genauso ist es in

Deinem Leben. – Stell Dich hinein in diesen heiligen Rhythmus der Natur und der Schöpfung. Du wirst Freude und Torheit der Jugend mit größerer Gelassenheit sehen und Kraft haben für den Sommer, die Hitze des Lebens und des Alltags, wenn Du erwachsen bist. Du wirst aber auch mit Heiterkeit und Freude den Herbst des Jahres und Deines Lebens ertragen. Und Du genießt die Ruhe des Winters, weil Du weißt, daß sie die Vorbereitung für einen neuen Frühling ist.

Wenn Du so lebst, wirst Du mit Gelassenheit und Ruhe den Tod erwarten können. Er bedeutet ja nicht das Ende aller Dinge und allen Seins! Du wirst darauf vertrauen, daß das Leben schon seinen Gang nimmt. Dann wirst Du Dich als Teil der großen Schöpfung empfinden und mit Zuversicht von jenen Dingen Abstand nehmen, die vergangen sind.

VOM ATEM UND VOM GEBET

vgl. Regula Benedicti Kap. 8–20

Was der Atem für den Körper, das ist das Gebet für die Seele. Wenn Du also mit Leib und Seele leben willst, mußt Du atmen und beten.

Schon der Atem selbst ist ein Gebet. Nicht Du atmest, sondern es atmet. Es ist der ewige Geist der Liebe, der Geist, der das All erfüllt, der Hauch, der lebendig macht. Es ist der Geist Gottes selbst, der in Dich eindringt, wenn Du Dich öffnest, wenn es in Dir atmet. Zwar ist das wohl auch ein biologischer Vorgang, aber gleichzeitig ist es geistige Realität. Wenn Du einatmest, nimmst Du Sauerstoff auf, um Deinem Körper Leben zu geben. Aber Atem selbst kannst Du nicht aufnehmen. Er dringt in Dich ein und geht wieder von Dir. Atmen kannst Du nicht steuern oder selbst bestimmen. Du kannst es bewußt und unbewußt tun, kannst langsam und schnell, flach und tief atmen. Aber immer folgt daraus: Je nachdem, wie Du atmest, so wirst Du auch leben. Der Atem bestimmt Dein Leben. Wenn Du nur flach und ohne Beziehung zu Deinem Körper atmest, wird Dir bald die Luft ausgehen. Du wirst nur noch kleine Schritte machen und hektisch und unüberlegt handeln. Deinem Denken, Reden und Tun wird der »lange Atem« fehlen. Du wirst äußerlich ein gehetzter und innerlich ein oberflächlicher Mensch sein.

vgl. Gen. 1,1 ff

Der Atem erfüllt Dich ganz und gar, und Du weißt oft nicht, was mit Dir geschieht. Beim Atmen ist es genauso wie am Anfang der Schöpfung. Da heißt es: »Die Erde war wüst und leer, aber der Hauch, der Atem, der Geist Gottes schwebte über all dem Wasser.« So ist es auch mit Dir. Der Körper selbst ist wüst und leer. Der Atem schwebt über ihm, dringt in ihn hinein und erfüllt ihn mit Leben. Ohne Atem, ohne den Hauch Gottes gibt es kein Leben auf dieser Erde.

Je bewußter Du atmest, desto freier wirst Du. Wenn Dein Atem regelmäßig ist und im heiligen Rhythmus der gesamten Schöpfungsordnung mitpulsiert, wirst Du die Einheit mit Gott, den Menschen und der ganzen Schöpfung erleben.

Versuche also, Dir in jedem Augenblick Deinen Atem bewußt zu machen. Atme ruhig und tief, ohne Dich zu verspannen oder zu verkrampfen. Manchmal wird es nötig sein, daß Du schneller atmest. Ja, Du wirst wahrscheinlich sogar von außen gezwungen, hin und wieder schnell zu atmen. Dann nimm auch diesen Rhythmus an; er gehört zu Deinem Leben.

Der friedlichste Atem ist der Atem von Mutter Erde, der ewige Rhythmus, der sich in den sieben Schlägen der Töne unserer Tonleiter vollzieht. Wenn Du auf sieben einatmest, den Atem ein wenig anhältst und dann bewußt ausatmest, dann kommst Du in den heiligen Rhythmus der Schöpfung.

Atem ohne Rhythmus ist unmöglich. Zwar kann sich der Atem verändern, aber er muß immer in einem bestimmten Rhythmus bleiben.

Du kannst Deine Atemübungen allein oder mit anderen durchführen. Vielleicht hilft es Dir, Dich einem Menschen gegenüberzusetzen oder zu stellen und den Atem ganz bewußt gemeinsam mit ihm zu regeln. Ihr könnt Euch dabei in die Augen schauen oder ganz sacht an den Händen fassen. In der gemeinsamen Atemübung, die auch in Gruppen durchgeführt werden kann, entfaltet sich der Geist, der Atem Gottes noch viel stärker.

Atem ist Leben, und je mehr beide Einheit werden, je mehr Menschen sich für den Geist Gottes öffnen, desto wirksamer wird er in dieser Welt. Wenn Du bewußt atmest und den Hauch der Schöpfung annimmst, wirst Du selber zum Mitschöpfer dieser Erde.

Die geistlichen Väter des Ostens haben uns ein Gebet gelehrt, das sie ganz eng mit dem Atem verbunden haben. Es ist das Jesusgebet, das durch langes Üben und vor allem unter der Leitung eines geistlichen Meisters gelernt wird. Auch für ganz einfache Menschen ist es möglich, einen hohen Grad in dieser geistlichen Übung und im Leben generell zu erreichen.

Suche Dir einen ruhigen Ort und sprich beim Einatmen leise in Gedanken den Namen: »Herr, Jesus Christus«; und beim Ausatmen: »Erbarme Dich meiner.« Jetzt übe, sooft Du kannst. Du hast tagsüber viele Freiräume, in denen Du dafür Zeit hast. Die großen heiligen Asketen des Ostens, vor allem der Heilige Seraphim von Sarow und das Buch »Erzählungen eines russischen Pilgers«, beschreiben diese Erfahrung. Das Jesusgebet verbindet Atem und Gebet am besten, einfach und klar.

vgl. E. Jungclaussen, Aufrichtige Erzählungen eines russischen Pilgers, Freiburg 1974

Und je harmonischer in Deinem Herzen das Ein- und Ausatmen und der einfache Gedanke des Gebetes ist, desto intensiver wirst Du leben können.

Du atmest den Hauch, den Geist Gottes ein, – Jesus Christus selbst, den Du als Herrn und Meister anerkennst und in Dich aufnimmst, dem Du in Dir Raum gibst und in Dir wirken läßt. Gott nimmt Raum in Dir durch Deinen Atem, durch Deine

Gedanken, Dein Herz und Deinen Körper. Wenn Du ausatmest, gibst Du gleichzeitig Jesus Christus – Du übermittelst ihn Dir, der ganzen Welt, der Schöpfung und erbittest den Segen, den niemand auf der Welt geben kann.

Übe dieses Gebet beim Gehen, beim Stehen, wenn Du Dich niederlegst oder wenn Du kniest. Suche Dir einen ruhigen Atemrhythmus und dann laß das Gebet in Dir aufsteigen, nimm Jesus Christus in Dein Herz auf und gib ihn wieder der ganzen Welt. Du wirst sehen, daß innerer Friede und Zufriedenheit Dein Herz erfüllen, und wirst erkennen, welch ungeheure Macht Jesus Christus in Deinem Leben hat. All das, was er für uns bedeutet, – die heilige Liebe Gottes, das unbegrenzte Vertrauen, das ewige Wort des Vaters, – wird in Dir selbst lebendig werden. Du wirst ähnlich wie Maria, die Mutter des Herrn, aufnahmebereit für das Wort Gottes, für Jesus Christus. Er selbst wird aus Dir geboren werden.

Ganz deutlich wird die Einheit von Atem und Gebet, wenn man sich die heiligen Rufe aller Religionen vergegenwärtigt. Das LĀ ILĀHA ILLĀ HU ist ebenso ein geistliches Wort wie das HALLELUJA der Juden und Christen, das heilige AUM beziehungsweise OM der Inder, oder die heiligen Laute aller anderen Religionen.

Wenn Du atmest, kannst Du auch beten. Laß Deinen Atem, der selbst ein Teil des Geistes Gottes ist, in Dir beten. Setze Dich an einen ruhigen Ort oder lege Dich auf den Rücken und konzentriere Deinen Atem. Laß einen heiligen Rhythmus in Dir wirksam werden und atme langsam und tief ein. Beachte dabei, daß Dein Atem nicht nur den Brustkorb ausfüllt, sondern auch in die Tiefe Deines Körpers hinabströmen kann. Dann atme ganz langsam aus, indem Du dem Atem einen Laut gibst. Du wirst entdecken, daß Du im Laufe der Zeit die heiligen Silben aller Religionen wie von selbst bildest. Der Name Gottes wird sich in Dir Raum schaffen und Du wirst seinen heiligen Laut hervorbringen.

Atem und Gebet ist immer auch Anbetung. Es ist nicht nur Bitt-, Dank- oder Schrekkensgebet, sondern das Anerkennen der größeren Macht und Herrlichkeit Gottes. Gottes Herrlichkeit offenbart sich ja nicht nur in den schönen Dingen, sondern auch in den vielen schmerzhaften Ereignissen unseres Lebens. Wenn Du Schmerz und Kummer hast und verzweifelt aufschreist, wenn Du nicht mehr weißt, wie Du die Schmerzen an Körper und Seele ertragen sollst, dann bete zu Deinem Gott. Er kennt unsere Mühen. Er weiß um Deine Not und ist auch mitten in der Drangsal bei Dir. – Wir wissen ja nicht, warum sich all unsere Lebensereignisse so zusammenfügen. –

Wir dürfen ihm auch nicht den Vorwurf machen, daß er uns all diese Schmerzen bereitet. – Je gelassener Du die Ereignisse Deines Lebens annimmst und vor ihn hinträgst, desto besser wird es sein. Wenn Dich in den dunklen Stunden Deines Lebens Dankbarkeit, Lobpreis und Anbetung erfüllen, dann wird Frieden und Sicherheit in

Deinem Herzen sein. Gewiß wirst Du auch dann noch all den Schmerz und Kummer spüren, der in Dir aufschreit. Aber durch all das Schwere und Harte wirst Du den Geist Gottes in Dir erahnen, der mit jedem Atemzug in Dich hineingeht und aus Dir herauskommt. Der Geist Gottes ist der Atem selbst. Er ist die unbeschreibliche Liebe des Vaters, die jedem Lebewesen seinen Platz und Raum zugesteht und auch gibt.

Suche Dir nicht nur an den Feiertagen Deines Lebens einen Raum zum Beten. Such' ihn Dir in den Alltagssituationen. Und wenn Du schon nicht mit Deinem Herzen und Deinem Verstand beten kannst, dann bete wenigstens mit den Lippen, denn auch die bloßen Worte können Dich heiligen.

Verachte keinen Menschen, der betet, auch wenn Dir sein Gebet noch so äußerlich erscheint. Ein Gebet wird immer an die Ohren und an das Herz Gottes dringen. Und oft wird es besser sein, Du betest nur mit dem Mund, weil Dein Herz vielleicht hart und einsam geworden ist, aber dann betest Du noch.

Ich habe es erlebt, daß ein Mensch, der in Verbitterung und Verzweiflung sterben wollte, gerade in seiner letzten Stunde noch die Gebete seiner Kindheit sprechen wollte. Das ist eine Gnade, die Du nie verachten darfst.

Je bewußter Du atmest, desto bewußter werden Dein Leben und Dein Gebet sein. Ist es nicht ein großartiges Ziel Deines Lebens, daß jeder Atemzug zu einem Gebet wird? – Wenn Du Dir vor Augen hältst, daß Du mit jedem Augenblick den Geist Gottes in Dich aufnimmst, wirst Du im Laufe der Zeit zu einer Haltung finden, die Dich mit Demut und Freude erfüllt. Du wirst Gott selbst, den großen Atem der Schöpfung in Dir wirken lassen können. Du wirst erfüllt werden von heiligem Dank und heiliger Freude, auch wenn sich die Welt und der Gang der Dinge nicht so entfalten, wie Du es haben möchtest. – Denn über allem und in allem lebt der Atem Gottes. Verbinde ihn mit Deinem Gebet. Mach alles, was um Dich herum geschieht, zu einem heiligen Rhythmus, der hineinfließt in den Willen Gottes, aus dem er hervorgeht. Wenn Du selbst mitfließt, die heiligen Worte in Dich aufnimmst und wieder von Dir gibst, wenn Du selbst zu einem heiligen Wort Gottes geworden bist, wirst Du den Menschen Segen und Frieden bringen. . .

Den beiliegenden Gebetszettel habe ich für Dich aus meinen eigenen Gebeten zusammen gestellt. Du kannst ihn bei Dir tragen, oder auf Dein Nachtkästchen, oder an einen anderen Ort legen, an dem Du ihn immer wieder finden kannst.

Zum Schluß dieses Kapitels möchte ich Dir meine eigenen Gebete anvertrauen. Das Morgengebet habe ich zusammen mit einem Mitbruder verfaßt, der es mir teilweise aufgeschrieben hat. Das Abendgebet habe ich für mich selbst gestaltet, um Frieden zu finden. Die Gebete während des Tages geben mir Sicherheit und Halt, Orientierung,

Hoffnung und Freude. Ich habe mir in meinem Tagesablauf Freiräume gesucht, die es mir erlauben, diese Gebete in meinem Herzen zu sprechen.

Ein geordnetes Herz und ein geordneter Körper, mit dem ich am Morgen den Tag beginnen kann, helfen mir und anderen Menschen.

vgl. Regula Benedicti Kap. 19,7

Je mehr Du mit Deinem ganzen Körper und Deiner Seele atmest und betest, je mehr Du selbst diese Einheit geworden bist, desto mehr wird Gott durch Dich sichtbar werden.

Achte aber darauf, daß Dein Gebet nicht nur äußerlich wird. Der Vollzug der Worte ist wichtig, wesentlich aber ist die Beziehung Deines Herzens, mit dem Du die Nähe Gottes suchst. Je mehr Dir bewußt wird, daß der Atem, der Dich erfüllt, ein Teil des heiligen Geistes Gottes ist, der diese Welt am Leben erhält und auch in Dir lebendig ist, desto leichter werden Dein Wort und das ungesprochene Wort Deines Herzens zum Gebet werden. Letztlich werden Dein ganzes Leben, Deine Arbeit, Dein Streben und Handeln zu einem einzigen Gebet.

Du mußt keine großen äußeren Leistungen vollbringen. Du mußt auch nicht dauernd in einer Kirche oder in einem Gebetsraum sitzen. Beten kannst Du immer und überall. Denn Gott, der Herr, hat seine heilige Stadt überall dort errichtet, wo Menschen sind, die im Herzen an ihn glauben.

Aber manchmal kann es hilfreich und einfacher sein, an einem heiligen Ort, in einer Kirche oder in einem Gebetsraum einer Religionsgemeinschaft zu beten, denn durch die vielen Gebete der Menschen, die sich an diesem Ort versammeln, verdichten sich Raum und Zeit, die Gebete werden intensiver und der Weg zum Himmel offener.

Ich habe es erlebt, daß diese Gnade der Menschheit gerade an den Wallfahrtsorten ganz intensiv geschenkt wurde. . .

VOM MANN-UND-FRAU-SEIN

Kaum größere Gegensätze wirst Du finden, als zwischen Mann und Frau und kaum größere Anziehung zwischen zwei Polen, wie zwischen Männern und Frauen. Trotz aller Vorurteile, aller Trennung und aller Diskriminierung in der Geschichte der Menschheit sind sie doch eins, der Mensch, den Gott nach seinem Bild geschaffen hat.

Mann und Frau sind aufeinander hingeordnet. Sie streben nach der Einheit. Eine Triebfeder der Zuneigung zwischen beiden ist die Sexualität. In der Erfüllung der Sexualität erfüllt sich für den Menschen die tiefste Sehnsucht. Wenn Deine Sexualität aber ohne Liebe bleibt, wird sie zur Ichsucht. Du wirst leer, egoistisch, bleibst selbstbezogen und verflachst. Erfüllte Sexualität erfordert von Dir das Annehmen und Aufnehmen des anderen in seiner leib-seelischen Einheit. Sie ermöglicht Dir Hingabe, Wachstum und Reife.

Verdrängte Sexualität pervertiert Dich, wirft Dich auf Dich selbst zurück und macht Dich einsam. Sie verwandelt Dich in einen Menschen der haßt, der vom Neid zerfressen wird. Du wirst intolerant und quälst andere mit Deinen Vorurteilen und Diskriminierungen. In diesen Haltungen zeigen sich Deine Haßsehnsüchte, die Du Dir selbst wünschst, aber nicht zu erfüllen traust.

Wenn Du Deine Sexualität verleugnest, verleugnest Du die Sehnsucht nach menschlicher Erfüllung im Du, im Mann – in der Frau. Damit stellst Du Dich gegen eine Seite in Dir selbst, die Du lieben möchtest, weil sie in Dir grundgelegt ist.

Gott hat ja ursprünglich nicht Mann und Frau, sondern den Menschen erschaffen als Mann und Frau. Erst aus der Differenzierung des Menschen in Mann und Frau ergaben sich die beiden Pole der Einheit, die sich immer wieder anzunähern suchen. Diese Differenzierung und das einander Suchen, hat in der Geschichte der Menschen, in der Geschichte eines jeden Menschen, großes Leid und große Freude über sie gebracht. Diese Sehnsucht von Mann und Frau hat die Eifersucht geschürt, hat Kriege ausgelöst, Selbstmord, Mord und Totschlag hervorgebracht und Menschen in die Verzweiflung getrieben. Manche haben sich verleumdet und zerstört.

vgl. Gen. 1,27

Gleichzeitig aber hat die liebende Sehnsucht, wenn sie nicht verleugnet wurde, Menschen zu Höchstleistungen ihrer geistlichen, menschlichen und künstlerischen Kräfte geführt. Liebende Menschen haben die schönsten Lieder geschrieben, die kostbarsten Edelsteine verschenkt, die kunstvollsten Bauwerke errichtet. Sie haben wissenschaftliche und emotionale Kräfte entfaltet, veränderten sich und die Erde zum Guten. Sie wurden fähig, Leid und Schrecken zu ertragen und hielten schwersten Schicksalschlägen stand.

Vielleicht hast Du all das im kleinen Rahmen schon an Dir selbst erlebt. Prüfe genau Deinen Haß und Deine Eifersucht. Sie sind die negativen Ausformungen Deiner Liebe und Sehnsucht.

Wird die Anziehung von Mann und Frau nur auf die sexuelle Triebbefriedigung reduziert, die egoistisch ist, kommt es zur Übersättigung, zur Inhaltslosigkeit, zum Ekel voreinander. Dann hast Du die Haltung des Ausbeuters, der den anderen verdinglicht, ihn zum Objekt seiner Gier macht, die nie gestillt werden kann. Von diesem Mißbrauch und der Selbstzerstörung ist nur ein kurzer Weg zur gegenseitigen Abwendung, zur Diskriminierung und Vereinsamung. Die Vorurteile und Klischees, die Männer und Frauen sich gegenseitig vorwerfen, haben ihre Wurzeln meistens entweder in der Verdrängung der eigenen Wünsche und Bedürfnisse oder in der Enttäuschung, nicht das Du, den andern, oder den andern Teil seiner selbst gefunden zu haben. Wenn der andere zum lüsternen Schauobjekt Deiner Gier wird, z.B. in der Pornographie, mißbrauchst und entwürdigst Du Dich durch Dein Handeln oder Denken selbst mehr als das Objekt Deiner Gier. Du bist dann am meisten von Dir selbst enttäuscht, weil es Dir nicht gelungen ist, Dich selbst zu finden.

Willst Du Erfüllung als Mensch finden, dann mußt Du zuerst in Dir selbst Mann und Frau integrieren, ohne Dein eigenes Geschlecht zu verleugnen. Wenn Du Dich als Mann zur Frau machen willst, verleugnest Du Dich selbst ebenso, wie die Frau, die ein Mann sein will. In der Gegenwart kannst Du diese Tendenzen ganz offensichtlich erleben.

Und doch trägst Du das Bild des anderen – des Mannes, oder der Frau – in Dir. Wenn Du es in Dir oder nach außen hin ableugnest,entstellst, verurteilt, zerstörst Du Dich selbst und Dein Menschsein.

Du kannst nur ganz Mensch sein, wenn Du das Bild des anderen in Dir annimmst, mit all seinen Tönungen, seinen Farben und Schattierungen, mit den Höhen und Tiefen. Du wirst entdecken, daß Du die andere Seite in Dir lebendig werden lassen kannst. Zu Deiner Größe wirst Du das Kleine finden. Deine Dunkelheit in Dir wird Dir das Licht zeigen. In Deiner Schwäche wird sich Deine Stärke entfalten können. Nur so wirst Du die Frau, den Mann, der Dir gegenübertritt, annehmen und lieben können.

In der engsten Beziehung, in der liebenden, sexuellen Hingabe wirst Du ganz eins, ganz Mensch mit einem Du. Und da Du selbst ganz Mensch wirst, wenigstens in einem kurzen Augenblick, der Ewigkeit sein kann, nimmst Du teil an der Zeugung neuen Lebens, am Werden eines Menschen. Als Mann oder Frau nimmst Du in Deinem Einssein teil an der immer neuen Liebe Gottes zu seiner Schöpfung. In diesem liebenden Tun, dieser Hingabe, kannst Du Gott erfahren. Diese Begegnung ist so nur möglich, wenn sie gewachsen ist aus Deiner Bindung, aus Deiner Liebe und Treue. Dadurch wird sich Dein Leben verändern. Du erhältst selbst mehr Kraft, als Du gibst. Du kannst Trauer und Leid bewältigen und Bitterkeit ertragen. Du wirst Freude und Zuversicht schenken und gelassen alt werden.

Grundlage dieses Einswerdens mit sich selbst, mit einer Frau, mit einem Mann, und mit Gott kann nichts anderes als Deine Liebe sein. Es ist die Liebe, die nicht in der egoistischen Selbstsucht ihre Erfüllung sucht, sondern die sich selbst ganz hingeben kann, weil sie daran glaubt, sich selbst im Du zu finden.

Deshalb reinige Deine Sehnsucht nach einem Mann, oder nach einer Frau, von der egoistischen Gier. Sie läßt Dich und den anderen erstarren und verhärten. Suche auch nicht, jemanden zu einer Beziehung zu Dir zu zwingen. Baue auf die Bewegung Deines Herzens, die ein anderes Herz in Bewegung bringen kann, ohne es durch physische oder psychische Gewalt der inneren und äußeren Freiheit zu berauben. In Deine Bewegung des Leibes, der Seele und des Geistes mit einem Du wird ein Rhythmus und eine Harmonie kommen, die reicher, schöner und größer ist, als Deine eigene Bewegung, Deine eigene Harmonie. Du wirst nicht nur geben *oder* nehmen, sondern geben *und* nehmen. Du wirst Freude haben *und* Trauer, Du wirst Licht sehen *und* Schatten, das Schöne *und* das Häßliche, das Kleine *und* das Große. Durch diese Hingabe wirst Du nicht nur mit Deinen Augen sehen, sondern auch mit den Augen des anderen. Du wirst Musik erleben, nicht nur für Dich allein, sondern mit einem Du. Höre nur einmal mit einem geliebten Menschen Musik. Sie ist hundertmal schöner, als wenn Du sie allein hörst. Oder betrachte ein Bild mit einem Menschen, der Deinem Herzen nahe steht. Du wirst viel mehr sehen und wahrnehmen, als Du alleine wahrnehmen kannst. Die Freude und das Leid kannst Du teilen; – und die Freude wird sich vervielfachen, das Leiden wird erträglicher.

Deine Einsichten werden sich vertiefen und Dein Leben wird einen Sinn bekommen. Dein Lebenssinn wird seine Wurzeln nicht mehr im egoistischen, materiellen Streben und Denken haben, sondern in dem glücklichen Wissen, durch die selbstlose Liebe zu einem Du ganz selbst werden zu können.

Du wirst Gott dankbar sein, der Dich so als Mann – oder als Frau geschaffen hat. Und Dir eine Ergänzung gibt, damit Du nicht mehr einsam bleibst.

Es kann aber auch sein, daß Du alleine lebst, leben mußt, oder Dich frei entschlossen hast, ohne eine Beziehung zu einem Mann bzw. zu einer Frau zu leben.

Zu leicht kannst Du dann auf den Gedanken kommen, daß Du Dich verleugnen mußt, daß Du Dich als Mensch nicht voll verwirklichen kannst. Das ist nicht so.

Wenn Du Dich entschlossen hast, auf eine sexuelle Beziehung zu verzichten, dann prüfe genau Deine Beweggründe. Angst, Verdrängung, menschliche Unfähigkeit, Verbitterung oder Enttäuschung sind die denkbar schlechtesten Voraussetzungen für einen solchen Entschluß. Diese menschlichen Fehlhaltungen können sich oft unter einem moralischen Deckmantel verstecken. Sie werden Dich verhärten, nicht befreien. Immer dann, wenn Du Dich auf diesem Weg bedauerst oder glaubst, etwas versäumt zu haben, bist Du einen falschen Weg gegangen. Du wirst zum verhärteten Egoisten, der sich selbst oder andere knechtet.

Ein ganzes Leben ohne die intime Erfüllung durch die Sexualität ist möglich. Auch Eheleute gehen, zumindestens im Alter, diesen Weg, und können doch ein erfülltes gemeinsames Leben haben. Möglich ist es auch deshalb, weil ja jeder Mensch Mann und Frau, das Bild und die Anlage des andern in sich trägt. Wenn Du dieses Bild verwirklichst, wenn Du selbst ein ganzer Mensch wirst, dann kannst Du die Einheit erleben.

Das Du, das Du brauchst, ist Gott selbst, der den Menschen – Mann und Frau – nach seinem Bild erschaffen hat. Je mehr Du ihn in Dir lebendig, Wirklichkeit werden läßt, desto mehr wirst Du selbst ein ganzer Mensch.

Wenn Du so leben willst, bist Du zu großer Liebe fähig. Du kannst durch die Kraft der Liebe Gottes, die in Dir wirkt, große soziale, künstlerische und religiöse Kraft entfalten. Die Lieder der Mystiker des Mittelalters sind so wie das Leben der Mutter Theresa in Kalkutta, ein Zeugnis solcher Liebe. Durch Deine selbstlose Liebe wirst Du eins mit den großen Liebenden der Menschheit, die das Antlitz der Erde nach dem Bild Gottes gestalten. Du verzichtest auf äußerliche Erfüllung und wirst doch erfüllt von Liebe und Hingabe zu Gott und den Menschen. Du verzweifelst nicht an der Einsamkeit und Geschichtslosigkeit Deiner Existenz, sondern zeigst den Einsamen, den Ausgestoßenen einen Weg zu sich selbst und vor allem zu Gott.

Dieser Weg ist nur dann möglich, wenn Du glaubst, vor allem wenn Du betest. Wenn Du betest, dann faltest Du die Hände. Du berührst mit Deiner rechten Hand Deine linke. Rechts und links, die Gegensätze in Dir, Mann und Frau vereinen sich. Du wirst selbst eins mit Dir, mit den Menschen und mit Deinem Gott.

VON DEN HEILIGEN ZEICHEN

Die Wirklichkeit unseres Lebens ist voll von Zeichen, die wir mit Verstand und Herz – bewußt und unbewußt – aufnehmen. Sie lassen uns die volle Wirklichkeit wahrnehmen, die mit Augen und Ohren oft nicht zu erkennen ist. Wirklichkeit ist mehr als nur das Sichtbare, mehr als das Meßbare, Zählbare, das Abwägbare. Hinter den Dingen, die wir wahrnehmen, verbirgt sich unendlich viel mehr. . .

Das einfachste Beispiel ist das bloße, gesprochene Wort. Ein liebes Wort, ein guter Gruß, eine vertrauensvolle Bitte sind mehr als nur ein paar dahingesprochene Worte. Hinter den Segensworten, hinter den Glückwünschen verbirgt sich eine größere Wirklichkeit: – Die Wirkmächtigkeit einer geistigen, einer inneren Realität, die weit größer ist, als Du einfach annehmen kannst.

Dein ganzes Leben ist erfüllt von heiligen Zeichen. Wenn Du sie Dir bewußt machst, können sie in Deinem Leben zu einer tiefen Wirklichkeit wachsen.

Die heiligen Zeichen und Symbole verbergen sich oft hinter einfachen und unscheinbaren Dingen. Belanglos dahingeredete Worte und einfache Symbole, wie z.B. der Schmuck Deiner Wohnung und Deines Lebensraumes, können weit mehr aussagen, als wir oberflächlich annehmen.

Gehe von den einfachsten Erfahrungen aus: Ein Gruß oder ein Segen ist weit mehr als nur der Laut, der verklingt.

Wenn Du Deine Hände hebst, um einen anderen zu grüßen, wenn Du Deine Hand öffnest, um sie einem anderen in seine Hand zu legen, vollzieht sich nicht nur ein äußerliches Händeschütteln. Gleichzeitig kann sich ein inneres Annehmen des anderen und ein Angenommensein der eigenen Person ereignen.

Wenn aber Worte nur leere Hülsen und Gesten, nur Formalitäten bleiben, sind sie leer und ohne Geist. Deine Worte werden zu Floskeln wie Du selbst. – Erst wenn sie durch Geist und Wort geheiligt werden, erhalten sie auch einen inneren Sinn, der sich auf das ganze Leben auswirkt. Achte sie deshalb nicht gering, diese kleinen Gesten. Nimm sie an als Zeichen Deiner inneren Wirklichkeit. Sie sind Hilfen für Dein Leben.

Wenn Du die äußeren Vollzüge nur mechanisch absolvierst, veräußerlichst Du Dein Leben und nimmst ihm den inneren Sinn und Gehalt. Ist Dein Leben arm an Symbolen geworden und kennst Du nur noch äußere Vollzüge, wirst Du herzlos und Dein Leben sinnlos.

Hinter den Zeichen verbergen sich Wirk-Mächtigkeiten. Selbst die einfachsten Vollzüge des Lebens können geheiligt und von der Wirklichkeit Gottes erfüllt werden, wenn Du die Zeichen erkennst.

Um Deinen Körper zu reinigen, brauchst Du Wasser. Waschen, sich reinigen ist lebensnotwendig. Wenn Du Dich nicht wäschst, wird Dein Körper verwahrlosen und Du wirst daran zugrundegehen. Für viele Menschen ist das Wasser aber auch zu einer geistlichen Wirklichkeit geworden. Es wird zu bestimmten Zeiten gesegnet und geweiht. (Das Wasser vieler Quellen wird als heilig und heilend verehrt.) Solches Weih-Wasser symbolisiert die Wirkmächtigkeit des Wassers auf einer geistigen Ebene.

Wasser reinigt. Einfaches Wasser reinigt unseren Körper; das geweihte und geheiligte Wasser unsere Seele: Damit gibt uns das Wasser Leben, wie etwa in der Taufe. Wir benutzen das geheiligte, durch Gebet und Geist geklärte Wasser auch zur Reinigung unserer Gedanken und sogar unserer Häuser.

Das Weihwasser schützt vor bösen Geistern und Dämonen. Deshalb wurde es früher in vielen Häusern in kleinen Becken immer bereitgehalten. Ich glaube, daß der Schutz dieses heiligen Zeichens weit größer war, als man annehmen kann.

Dasselbe gilt vom heiligen Öl. Öl ist normalerweise eine Essenz, die gepreßte Frucht einer Pflanze. Das Öl dringt tief in den menschlichen Körper ein. Mit heiligem Öl wurden Priester und Könige gesalbt. Öl heilt Verletzungen und Wunden. Es schafft eine neue Wirkmöglichkeit und Wirkmächtigkeit. Geheiligtes Öl dringt tief in Deine innere Menschlichkeit und Deine Seele. Es heilt nicht nur äußerliche, sondern auch innere Wunden. Es ist »verflüssigte Gnade Gottes«. Heiliges Öl verbreitet oft einen wunderbaren Duft. Es erfüllt den Leib und den Raum mit Gnade und befreit Deinen Atem.

Das heilige Feuer, das beim Osterfest entzündet wird, bewahren die Kirchen in kleinen Lampen als »ewiges Licht« auf. Der Ursprung des heiligen Feuers liegt im neuen Feuer der Osternacht und deshalb ist es das Symbol für den auferstandenen Jesus Christus, der das Dunkel der Nacht, der Sünde und Verzweiflung vertrieben hat. Das heilige Feuer ist die befreiende Wirklichkeit in der Nacht unseres Lebens. Es nimmt von Dir Schuld und reinigt Dein Herz. Wenn Du daher eine geweihte Kerze anzündest, brennt nicht nur ein Stück Wachs und Docht. Durch Deine Bitten, durch Weihe und Segnung ist Jesus Christus mit seinem Feuer, seinem Licht und seinem Geist anwesend.

Brennende, geweihte Kerzen bringen Licht in die Dunkelheit der Seele. Oft geben sie Kranken, an deren Bett sie brennen, Sicherheit und Frieden, weil sie den Raum mit Licht und Wärme erfüllen. Sie vertreiben böse Geister und ihr Licht ist ein Teil des lebendigen Gottesgeistes.

Wir selbst sind wie brennende Kerzen, wenn wir das eigene, egoistische Sein zugunsten des Lichtes und des Strahlens aufgeben und Jesus Christus nachfolgen. Brennende, geweihte Kerzen können Dir helfen, der eigenen Ich-Bezogenheit zu entkommen und zu einem strahlenden, leuchtenden und gebenden Menschen zu werden.

Das mächtigste, heilige Zeichen für die Christen ist das Kreuz unseres Erlösers Jesus Christus.

Im Symbol des Kreuzes vereinigen sich alle Gegensätze. Es ist die Verbindung zwischen oben und unten, zwischen links und rechts.

Wenn Du das Kreuz über Dich oder über jemanden zeichnest, dann werden Gegensätze bewußt überwunden und Spannungen aufgelöst. Die Wirklichkeit des Heiles kommt auf Dich und auf den Gesegneten herab. Die Wirklichkeit des Kreuzes über jemanden aussprechen, heißt nicht, ihn von allen Leiden zu befreien, sondern die Kraft zu vermitteln, die Realität des Lebens anzunehmen, – das Oben und Unten, das Rechts und Links, das Hier und Jetzt.

Das Zeichen des Kreuzes erfüllt Dein Leben, und das Leben anderer Menschen mit Sinn und Gehalt, weil es zum Brennpunkt unserer Lebenswirklichkeit führt. Das Kreuz wird so zum Symbol des Lebens, obwohl es für den Nichtglaubenden ein Symbol für Tod und Vernichtung ist.

Hier wird deutlich, was Symbole aussagen können. Auf der einen Seite ist das Kreuz der Hinweis auf einen qualvollen Tod, auf die extremste Katastrophe im menschlichen Leben; auf der anderen Seite wird das Kreuz durch die Wirklichkeit des Todes und der Auferstehung Jesu Christi zu einem Hoffnungssymbol für alle Menschen, die unter ihrem eigenen Lebens-»Kreuz« ausharren. Sie werden nicht allein gelassen in der Verlassenheit ihres Leidens, sondern erfüllt von der Wirklichkeit Jesu und der Auferstehung. Deshalb wird das geheiligte und geweihte Kreuz, das Du an Deinem Körper trägst oder in Deinem Raum aufhängst, zum Symbol der Überwindung von Tod und Verzweiflung.

Ich möchte in diesem Zusammenhang ein ganz bestimmtes Kreuz, das »Benediktus-Kreuz« in Dein Bewußtsein rücken. Es wird meist auf einer Medaille abgebildet, die auf der Vorderseite das Bild des Heiligen Benedikt zeigt. Auf der Rückseite der Medaille ist ein Kreuz eingraviert. Auf dem senkrechten Balken stehen die Anfangsbuchstaben für die Worte: »*C*rux *S*acra *S*it *M*ihi *L*ux«, auf dem waagrechten Balken die Anfangsbuchstaben für die Worte: »*N*on *D*raco *S*it *M*ihi *D*ux.«

Crux
Sacra
Non Draco Sit Mihi Dux
Mihi
Lux

(Das heilige Kreuz sei mein Licht.
Der Teufel soll nicht mehr Führer sein.)

Im umgebenden Kreis des Kreuzes stehen die Anfangsbuchstaben für folgenden Vers:

»*V*ade *R*etro *S*atana,
*N*umquam *S*uade *M*ihi *V*ana,
*S*unt *M*ala *Q*uae *L*ibas,
*I*pse *V*enena *B*ibas.«

(Weiche zurück, Teufel;
Überzeuge mich niemals mit deinen Nichtigkeiten! Mit dem Bösen, das du gibst, vergiftest du dich selbst.)

Dieses Benediktus-Kreuz wird mit einem besonderen Segen geheiligt. Es schützt vor den Bedrängnissen der bösen Geister und schenkt Kraft und Stärke in Krankheit und Not. Ich habe es selbst erlebt, daß geweihte Benediktus-Kreuze bzw. -Medaillen in großer Gefahr Hilfe, Kraft und Schutz gegeben haben.

Hier könnten noch viele andere Symbole angeführt und ausgedeutet werden. Ihre Wirkmächtigkeit ist tiefer, als Du annimmst. Wenn Du einen geweihten Gegenstand mit Dir trägst, darfst Du annehmen, daß sein Segen und seine Weihe wirken.

Gegenteiliges hast Du ja sicher auch schon erlebt. Ein Fluch oder auch nur ein böser Wunsch kann uns lange Zeit bedrücken und uns sogar in Verzweiflung, Hoffnungslosigkeit und Krankheit stürzen. Um wieviel mehr wird ein gesegnetes und geweihtes Zeichen an Wirkmächtigkeit gewinnen, wenn Du es gut gebrauchst.

Viele Menschen lehnen diese Wirklichkeit der Symbole ab, weil sie oft mißbraucht wurden, um andere Menschen oder sich selbst zu unterdrücken.

Ganz wesentlich ist deshalb Deine innere Einstellung zu den heiligen Zeichen und Symbolen. Wenn Du ihnen mit Ehrfurcht begegnest, wenn Du sie ehrfürchtig gebrauchst und an andere weitergibst, dann wird der Segen auch in Dir sein. Nur Deine Oberflächlichkeit und Unbewußtheit könnten Dir schaden, weil Du die wahre Macht der heiligen Symbole nicht anerkennst.

Zu den heiligen Symbolen ist alles zu zählen, was geheiligt und geweiht ist, alles, was uns durch die heiligen Traditionen des Glaubens übergeben wurde, die Figuren der Heiligen ebenso wie die heiligen Bücher und die heiligen Orte.

Hier ist ein Wort zu den heiligen Orten zu sagen: Wie die Erfahrung vieler Menschen zeigt, gibt es auf unserer Erde heilige Orte, – Kraftquellen für geistliche und geistige Wirkungen. An diesen heiligen Orten haben Menschen Wallfahrtsstätten gebaut, und immer wieder ziehen Tausende dorthin, um zu beten. Es ist nicht die äußerliche Kultstätte, die von Menschen aufgesucht wird, sondern die innere Kraftquelle, die geistliche und geistige Wirkung hat. Sie geht auf die Menschen über, die an diesen Orten weilen, und wird durch den gemeinsam erlebten Glauben verstärkt.

Wenn Du zu solch heiligen Orten gehst, dann reinige Herz und Leib und betrete sie ehrfürchtig. Öffne Dein Herz für die Gnade, die auch Du empfangen kannst und laß Dich nicht von den Geschäftemachern und vom äußerlichen Getriebe beeinträchtigen. Suche Dir Deinen Weg zum heiligen Ort, und Du wirst erfüllt mit Glauben, Hoffnung und Liebe wieder weggehen.

Du wirst entdecken, daß es in Deinem Leben Orte gibt, die Dir Heil und Frieden schenken. Das sind Deine eigenen, geheimen Kraftquellen. Suche diese Orte auf, wie

Du auch zu den großen, geheiligten Wallfahrtsstätten gehst. Gott, der Allmächtige, mit all seiner Wirk-Mächtigkeit wird bei Dir sein und Dich erfüllen.

Der Glaube unterscheidet sich vom Aberglauben dadurch, daß er hinter den Dingen, hinter den Zeichen und Vordergründigkeiten die innere Wirklichkeit Gottes sieht.

Der Aberglaube dagegen glaubt an die Wirklichkeit und die Wirkmächtigkeit der materiellen Zeichen.

Abergläubisch bist Du dann, wenn Du Zeichen und Symbole wie Werkzeuge gebrauchst und Dir davon eine äußerliche Wirkung versprichst, wie sie eben den materiellen Dingen zuzuschreiben ist. Du gebrauchst dann die geheiligten Zeichen als Ausrede für Deine eigene Glaubenslosigkeit und Deine Unfähigkeit zum Handeln. Gott ist aber kein Automat, den man mit Münzen füttern oder mit Gebeten bedrängen kann, um dann aus irgendeiner Schublade die gewünschte Gabe oder Antwort zu erhalten.

Gläubiges Vertrauen nimmt die heiligen Zeichen und Symbole an als Geschenk der Gnade, die Gott selbst in seiner Weisheit unserer Menschlichkeit schenkt.

Wenn Du erfährst, daß die heiligen Zeichen in Deinem Leben nicht wirkmächtig sind, dann frage zuerst einmal nach Deinem Glauben oder nach Deinem Unglauben. Je größer nämlich Dein Glaube wird, desto mehr wirst Du Dich ganz Gott anvertrauen und Du wirst überall die Zeichen seiner Liebe und seiner Güte entdecken. Sie werden Dir von den Menschen geschenkt, denen Du mit glaubendem und liebendem Herzen begegnest.

ÜBER DIE BESTÄNDIGKEIT

Manchmal kommt eine Situation im Leben, in der Du alles wegwerfen willst: Deinen Beruf, Deine Schule, Dein Studium, Deine Freunde. Du möchtest nur noch weglaufen, weil Dir alles zu schwer, zu eintönig, zu qualvoll scheint. Nichts macht Dir mehr Freude, Du siehst keine Erfolge mehr, und die Kraft in Deinem Inneren ist erlahmt. Der Druck von außen wird belastend, und Deine Zuversicht ist dahin. Die Flucht wird zum Ziel. Du idealisierst ein Traumbild und willst mit Deiner konkreten Wirklichkeit nichts mehr zu tun haben. – Das ist dann eine Zeit harter Prüfung! Manchmal kommt sie jeden Tag – oft über lange Zeit, – zermürbt die Seele und hemmt jede Entfaltungsmöglichkeit.

vgl. Regula Benedicti Kap. 58

In solchen Situationen ist es schwer, klar zu überlegen. Alle »normalen« Gefühle und Gedanken sind blockiert und drehen sich dauernd im Kreis. Der Atem wird flach und hektisch und Schlaflosigkeit kann zur zusätzlichen Belastung werden. Jetzt suchst Du Rechtfertigungen für Deine Flucht und versuchst, Freunde dafür zu begeistern. – Aber diese Schwierigkeit kannst Du nicht schnell und überstürzt lösen.

Zwar wäre es ein Unsinn, wenn auf einer schmalen Straße ein Radfahrer einem Riesenpanzer nicht ausweichen wollte! Hier muß er ausweichen, und Beständigkeit wäre in diesem Fall eher Dummheit als Klugheit. Es scheint mir aber, daß Menschen oft nur glauben, ausweichen zu müssen. Sie geben Ziele und Überzeugungen preis und lassen sich Angst machen, obwohl gar kein Grund vorhanden ist. Wie oft ist der vermeintliche Panzer nur ein anderer Radfahrer, der mit einem großen Lautsprecher die Geräusche des Panzers vortäuscht! – Prüfe also die Situation genau und laß Dich nicht von Dir selbst oder anderen täuschen. Ein aufgeblasener Spielzeugpanzer kann einem echten manchmal täuschend ähnlich sein. Darum untersuche exakt, was Dich zu zwingen scheint, Deinen Weg, Deine Aufgaben, Deine Beziehungen und Dich selbst aufzugeben oder wegzugehen.

Könnte es sein, daß Du selbst oder Deine Phantasie die Ursache des Widerstandes ist, der Dich blockiert? Dieser innere Widerstand aber ist ebenso bedrohlich wie der

Widerstand von außen. Er ist oft viel schwerer zu erkennen, anzunehmen und zu beseitigen. Oft verknüpfen sich beide und sind dann für Dich noch schwerer zu trennen. In solchen Situationen ist es notwendig, standhaft zu bleiben und die Ursachen der inneren Widerstände zu klären.

Bedenke aber, daß diese Haltung keine blinde Sturheit ist oder stures Durchsetzen ohne Rücksicht auf die Realität. Du sollst Dir trotz allem die Fähigkeit zum Denken und zur Veränderung bewahren. Das ist kein Widerspruch zur Beständigkeit.

Wenn Du beständig sein willst, dann suche und bewahre Deinen Standpunkt. Verändere Deine Meinung nicht, wie die berühmte »Fahne im Wind«. Aber suche Dir einen Ort, an dem Du zu Hause bist, der Dir Frieden und Sicherheit gibt. Das kann ein geographischer Ort sein, auch eine Gruppe von Menschen oder ein einzelner Mensch. Wenn Du keinen solchen Ort finden kannst, dann laß Dich nicht entmutigen. Der sicherste Ort, an dem Du stehen kannst, ist Dein Herz. Und ohne die Beständigkeit Deines Herzens ist auch der äußere Ort nichts wert. Es gibt viele Menschen, die an einem Platz festsitzen und dennoch nicht beständig sind, weil sie in sich selbst nicht feststehen.

Trotzdem ist die äußere Beständigkeit nicht einfach zu verachten! Sie bietet Dir in der Hast und Hetze des Lebens Sicherheit und Zuflucht. Wenn Du von einem Ort zum anderen läufst, findest Du schwerer zu Deiner inneren Beständigkeit als an einem Ort der Ruhe und des Friedens.

Beständig aber kannst Du nur sein, wenn Du auch treu bist. Treue ist eine Tugend, deren Ursprung im Herzen liegt. Sie zeigt sich im konkreten Leben. Du kannst nicht nur treu sein im Denken und Reden. Du mußt es auch im Leben verwirklichen. Anderen Menschen oder einer Aufgabe treu sein kannst Du nur, wenn Du Dir selbst treu bist.

Du darfst Deinen Glauben und Deine Überzeugungen nicht verraten. Natürlich kann es sein, daß Du dann in Konflikt kommst und Entscheidungen von Dir gefordert werden. In diesem Fall entscheide Dich immer für Deinen Glauben. Sonst lügst Du. Lüge aber zerstört die Treue und höhlt die Beständigkeit aus. Bestehen kannst Du letztlich nur in der Wahrheit Deiner Glaubensüberzeugungen.

Deine Beständigkeit zeigt sich dann, wenn die Lebensumstände schwer werden, wenn Leid und Kummer drücken. In manchen Situationen gibt es keinen Ausweg und auch keinen Trost.

Dann ist es Zeit, das Kreuz anzunehmen und auszuharren. Das kann für andere unbedeutend sein, für Dich aber ist es eine Zeit der schmerzhaften Prüfung. Bespiegle

Treppenhaus der Abtei Metten

Dich nicht in Deinem Leiden. Versuche auch nicht Gefallen am Schmerz zu finden, das wäre ein Fehler. Laß den Schmerz ruhig kommen, nimm ihn an und laß ihn Dein Herz läutern.

Das treue Ausharren in diesem Leid kann Dir und anderen Hilfe bringen, selbst wenn das Ende so schmerzhaft ist wie der Tod. Es kann Dich nicht überwältigen, denn Du mußt wissen, daß Gott bei Dir ist, wie er es auch in der Stunde des Todes bei Jesus war. Ein Gebet hilft Dir in dieser Situation. Bete den Psalm 22: »Mein Gott, mein Gott, warum hast Du mich verlassen. . .« Bete aber bis zum Ende: »Ich will deinen Namen meinen Brüdern verkünden, inmitten der Gemeinde dich preisen. . . Meine Seele, sie lebt für ihn, mein Stamm wird ihm dienen. . . Denn er hat das Werk vollbracht.«

Die letzte Garantie für unsere Treue ist Gott. Er ist treu. Er hat sein Wort nie gebrochen. Seine Liebe zu Dir ist beständig, auch wenn Du selbst ihm die Treue brichst. Immer wieder begegnet er der Treulosigkeit und Unbeständigkeit der Menschen mit seiner immerwährenden Zusage und seiner verzeihenden Liebe. So hat Deine Treue ihre Wurzeln in Gott. Er schenkt die Kraft durchzuhalten, wenn Du längst aufgeben willst. Mit dieser Kraft gelingt es auch, den letzten Prüfstein unserer Treue, das Sterben, zu bewältigen.

Im Sterben zeigt sich unsere Beständigkeit. Jede schwere Lebenssituation, die Du standhaft bestehst, ist ein kleiner Tod. Sie ist aber auch der Anfang der Auferstehung und der Herrlichkeit.

VOM STERBEN

Vor einigen Jahren legte sich der alte Ökonom eines Klosters zum Sterben nieder. Er hatte ein gesegnetes Alter erreicht. Die Felder waren abgeerntet und schon neu bestellt. Es war Herbst geworden für die Natur und für den alten Mönch.

In seinem Leben hatte er oft genug das Werden und Vergehen, das Aussäen und Ernten erlebt. Er war gut vorbereitet auf diese Stunde, und sie beunruhigte ihn auch nicht. Da man glaubte, ihn in den letzten Tagen in einem Krankenhaus besser pflegen zu können, brachte man ihn dorthin. Ich hatte zu dieser Zeit die Aufgabe, in diesem Krankenhaus die Gottesdienste zu halten und die Kranken zu betreuen. An einem Morgen nach dem Gottesdienst sprach mich der Arzt an und teilte mir mit, daß der alte, treue Bruder das Ende dieses Tages nicht mehr erleben werde. Und er meinte, daß er es verdiene, ihm das zu sagen. Er hätte treu und sorgfältig gelebt und sollte jetzt auch wissen, wie es wirklich um ihn stünde.

So übernahm ich also den schweren Gang an sein Krankenbett und setzte mich zu ihm. Ich weiß nicht mehr, wie unbeholfen ich versuchte, ihm die Tatsache des nahenden Todes begreiflich zu machen. Ich erinnere mich nur an seine friedlichen und freundlichen Augen, die aufmerksam meinen Worten lauschten. Innerlich betete ich zu Gott, daß er nicht zu sehr erschüttert sein möge von der Tatsache, daß sein irdisches Leben jetzt zu Ende geht.

Nachdem ich geendet hatte, war Stille zwischen uns eingekehrt. Da sagte er zu mir: »Des bringt mi a ned um.«

Heiterkeit und Ruhe waren auf seinem Gesicht und die Gelassenheit, mit der er seinen letzten Weg ging, rührte mich zutiefst in meinem Herzen. Er hatte keine Angst vor diesem Schritt seines Lebens. Er wußte darum, daß wir in dieser Welt werden und vergehen und daß das Sterben der letzte mühsame Schritt ist zu einem neuen Leben.

Ich wollte noch ein wenig bei ihm bleiben, doch er schickte mich zu meiner Arbeit und sagte mir, daß ich wiederkommen könnte, wenn ich meinen Dienst getan hätte. Dann sei noch genug Zeit. Am Nachmittag ging ich wieder zu ihm und fand ihn schon nahe am Verlöschen. Ich setzte mich an sein Bett und betete mit ihm und den anwesenden Brüdern die Gebete, die er kannte. Noch bevor die Sonne untergegangen war, verlosch sein Atem und er ging hinüber in die Ewigkeit Gottes.

Zutiefst hat mich dieses Sterben berührt. Ich saß noch lange an seinem Bett und war froh darüber, daß ich mithelfen durfte, seinen Leib für die Beerdigung vorzubereiten.

Wenn Du in Frieden sterben willst, dann lerne es in Deinem Leben. Sterben kannst Du lernen, wenn Du Dich innerlich und auch äußerlich immer wieder auf den Tod vorbereitest. Das Sterben ist nichts Endgültiges. Es ist der Übergang von einer Lebensphase in eine andere, der Schritt aus der Zeit hinüber in die Ewigkeit. Es wird für Dich der wichtigste Schritt Deines Lebens sein.

Du kannst lernen, würdig zu sterben, wenn Du in Deinem Leben andere auf diesem Schritt begleitest. Der Tod kann manchmal grausam sein. Wenn Du erschüttert an dem Krankenbett eines Schwerkranken stehst, der in seinem letzten Stadium noch Schmerzen zu erleiden hat, wenn Du siehst, wie technische Apparate sein Leben zu verlängern suchen und Du trotzdem spürst, daß sein Leben verlischt, dann wird Dein Herz immer wieder Trauer und Schmerz empfinden. Aber der Tod selbst braucht Dir keine Angst zu machen. Der Glaube sagt Dir, daß es nur ein Stück auf unserem Weg ist. Gehe verantwortlich mit den Menschen um, die Du kennst, wenn sie sterben. Laß niemanden allein in seinen letzten Stunden.

Gerade in dieser Zeit braucht jeder Mensch die Hilfe anderer. Auch wenn der Kranke oder der Sterbende schon bewußtlos ist oder im Koma liegt, dann geh nicht einfach weg von ihm, weil nach menschlichem Ermessen keine Verständigung mehr mit ihm möglich ist. Ich bin überzeugt, daß der Mensch trotzdem Deine Nähe verspürt und dankbar dafür ist.

Sprich ruhig mit ihm. Vielleicht hast Du die Chance, in diesen letzten Stunden noch einmal Zwiesprache zu halten, auch wenn Du auf viele Deiner Fragen keine Antwort bekommst. Doch es gibt Dir selbst inneren Frieden, wenn Du noch einmal von all den Dingen erzählen kannst, die Dich mit diesem Menschen verbunden haben. Sollte es so sein, daß Dir der Sterbende fremd ist, dann versuche ihm liebevoll Deine Gedanken zuzuwenden. Halt ihn nicht fest mit Deiner Sorge und mit Deiner Trauer. Gib ihm innerlich die Freiheit, daß er sich auf seinen letzten Weg machen darf.

Abschiednehmen kann oft lange dauern. Du mußt viel Geduld mit dem Sterbenden und mit Dir haben. Gott selbst ist es, der bestimmt, wann die Stundenuhr des Menschen aufhört, sich zu bewegen. Du wirst eigene Beruhigung im Herzen empfinden, wenn Du die Hand des Sterbenden liebevoll annehmen kannst oder ihm noch die letzten Dienste erweist. Liebe und Freundlichkeit sind in den letzten Stunden eines Lebens nicht an das Bewußtsein und die Klarheit des Verstandes gebunden. Jeder Mensch, auch wenn sein Zustand noch so elend ist, spürt die Liebe und die Freundlichkeit.

Hör nicht auf zu beten. Bete laut, denn Du weißt nicht, wieviel wirklich das Ohr und das Herz des anderen erreichen kann. Es ist mit Sicherheit mehr, als wir annehmen. Das Gebet hilft, innere und äußere Sicherheit zu gewinnen. Du wirst spüren, daß der Friede das Herz des Menschen erreicht.

Manchmal werden Sterbende gequält und geschüttelt. Sie kämpfen mit dem Tod und ihrem Leben. Dieser Kampf ist tragisch und hart, vor allem für Dich, wenn Du bei dem Sterbenden bist.

Sterbende verlieren dabei oft das Bewußtsein, und es ist für Dich dann wichtig, einen klaren Kopf und ein liebevolles Herz zu behalten. In solchen Situationen kann es für den Ringenden gut sein, wenn Du ihn an der Hand oder an der Stirne berührst. Das laute, vertrauensvolle Gebet ist ebenso hilfreich wie Dein ruhiger Atem. Ich habe es erlebt, daß mit der Ruhe der Beteiligten auch Friede über den Sterbenden gekommen ist.

Hadere in solchen Augenblicken nicht mit der offensichtlichen Härte, ja fast Grausamkeit, dieser Stunde. Du weißt nicht, warum dieser Kampf so hart sein muß. Mit Sicherheit ist es auch ein Stück Bewältigung des eigenen Lebens. Gib dem Sterbenden jede nur mögliche Erleichterung. Doch es sind weniger äußere Einwirkungen und Mittel, die diese Stunde erträglich machen, sondern Dein wohlwollendes Herz und Deine gläubige Liebe.

Wenn Du merkst, daß es mit dem Menschen zu Ende geht, dann sprich das alte Sterbegebet:

Aus dem Rituale Romanum

Mach' Dich jetzt auf den Weg,
Im Namen Gottes, des Allmächtigen Vaters,
Der Dich erschaffen hat;
Im Namen Jesu Christi,
Des Sohnes des lebendigen Gottes,
Der für Dich durch den Tod hindurchgegangen ist;
Im Namen des Heiligen Geistes,
Der über Dich ausgegossen worden ist.
Heute sei Dir in Frieden eine Stätte bereitet,
Deine Wohnung bei Gott in seiner heiligen Stadt,
Mit der seligen Jungfrau und Gottesmutter Maria,
Mit dem heiligen Joseph,
Mit Deinem heiligen Namenspatron und
Mit allen Engeln und Heiligen Gottes.

Du kannst auch unmittelbar nach dem Verscheiden folgendes Gebet sprechen:

Kommet entgegen, Ihr Heiligen Gottes,
Eilet entgegen, Ihr Engel des Herrn.
Nehmt auf seine (ihre) Seele
Und führt Sie hin vor das Antlitz des Allerhöchsten.
Gott, der Dich berufen hat, nehme Dich auf,
Und in das Himmelreich werden Dich Engel geleiten.
Nehmt auf seine (ihre) Seele
Und führt sie hin vor das Antlitz des Allerhöchsten.
Herr, unser Gott, wir empfehlen Dir unseren, (unsere)...
In den Augen der Welt wird er (sie) sterben.
Laß ihn (sie) leben bei Dir.
Und was er (sie) aus menschlicher Schwäche gefehlt hat,
Das tilge Du mit Deinem Erbarmen.
Durch Christus unseren Herrn. Amen.

Wenn ein Mensch gestorben ist, dann laß den Leichnam nicht gleich allein. Aus den heiligen Traditionen vieler Religionen wissen wir, daß die Seele noch eine Weile in der Nähe des Leichnams weilt. Die alte Tradition der Totenwache ist, wenn möglich, wenigstens für kurze Zeit eine Hilfe für den Verstorbenen und die Angehörigen.

Wenn ein Mensch gestorben ist, der Dir wichtig und lieb war, dann trauere ehrlich um ihn. Durch die Trauer löst Du Dich und gibst auch ihn frei. Die Trauer ist eine Arbeit, die den Lebenden hilft, den Schmerz des Abschieds zu ertragen und zu überwinden.

Du aber mußt nicht trauern wie Menschen, die keine Hoffnung haben. Das Sterben ist der Übergang zum ewigen Leben.

ÜBER DIE VOLLENDUNG

Wenn die Zeit da ist, dann gibt Gott, der Allmächtige, seine Gnade und vollendet das Werk, das er begonnen hat. Die Vollendung unseres Lebens geschieht nicht in einem Augenblick, sie währt unser ganzes Leben lang. Es gibt aber Zeiten, da spüren wir handgreiflich, wie er uns weiterführt in das Größere, Weitere, Heiligere hinein. Das sind die Stunden des Abschieds. Wenn Dir eine solche Stunde geschenkt wird, dann sei nicht traurig. Es ist dann als öffnete sich der Himmel. Licht umstrahlt Dich, und es mag auch sein, daß es Dich blendet. Aber tiefe Liebe und Vertrauen reichen weiter. Er, der Dich gerufen hat, wird Dich auch weiterführen.

Es gibt keinen Anfang ohne Ende und kein Ende ohne Anfang, denn er ist immer da.

Vollendung erreichst Du, wenn Innen und Außen gleichgeworden sind. Es gibt dann kein Oben und Unten mehr, keine Hierarchie. Alles ist eins mit Gott. Der Meister wird zum Bruder und der Schüler zum Meister. Und weil es nicht mehr von Bedeutung ist, was außen geschieht, verschwindet auch die Angst. Das Wesentliche, was Menschen, Dinge, das Sein ausmacht, wird plötzlich bedeutend.

Die alten Sünden sind vergeben. Es gibt keine Schuld mehr! Alles Belastende und Zerstörende wird durch Gottes Liebe befreit und so zum Baustein für das Leben. Nicht einmal Unsinn und Zorn haben ihre alte Bedeutung; sie werden verwandelt und mit hineingenommen ins Leben. Gottes Liebe nimmt die zerstörerische Kraft des Bösen in Dienst und wandelt sie zu einer Zelle des Friedens.

Wenn Du in die Vollendung hineingehen willst, dann reinige Dein Herz, überlaß Dich ganz dem Allmächtigen und werde ein liebender Mensch.

Halte Dich nicht an Äußerlichkeiten fest. Sie sind ja nur da, um Dich zu täuschen. Geh Deinen Weg, auch wenn Hindernisse auftauchen. Sie sind dazu da, um Dich zu läutern. Leid und Einsamkeit werden Dich demütig grüßen, wenn Du sie liebend annimmst. Schmerzen sind Zeichen der Geburt und des Neubeginns. Betäube Dich nie mit vordergründigen Auswegen.

Wenn Du mutig hindurchgehst, wirst Du Gottes Herrlichkeit schauen.

Überlaß Dich ganz seiner Führung, aber arbeite engagiert und mit Liebe, so als ob alles von Dir abhänge. Und trotzdem mußt Du wissen, daß Gott in seiner Weisheit handelt.

Achte auf Deine Seele, Deinen Geist und Deinen Körper. Wenn Du im Einklang mit Dir selbst bist und Dich liebend hingeben kannst, wird in Dir Einheit entstehen. Gottes Liebe und Kraft können sich dann in Dir entfalten und Du wirst spüren, daß in Dein ganzes Leben Licht und Wärme fließen. Nichts mehr kann Dich beunruhigen, denn Du ruhst an seinem Herzen.

Gott wird wirksam in Deinem Leben. Er ist in Dir. In jeder Faser Deines Körpers lebt sein Leben. Er atmet in Dir und handelt durch Dich. Die angstvollen Widerstände haben an Bedeutung verloren, weil Dich das göttliche Leben ergriffen hat. Innere und äußere Ruhe begleiten Dich.

Doch denke daran, daß wir immer auf dem Weg sind und der Weg ist das Ziel.

Einheit wird es in dieser Welt nie ganz geben. Immer wieder werden wir einen Schritt tun müssen. Laß Dich ein auf das Neue, wirf Dich mit jedem Atemzug in seine liebenden Hände und Du wirst immer mehr das Ziel erreichen, zu dem wir alle unterwegs sind: Die Einheit in der Liebe mit Gott.

ÜBER DIE EHRFURCHT

Ehrfurcht ist mehr als Respekt und Achtung. Sie ist die heilige Scheu, die mit einem Schauder entdeckt, daß es etwas Größeres, Heiligeres, aber auch Kleineres und Demütigeres gibt. Die Ehrfurcht ist die demütige Haltung, die Gott als den Schöpfer aller Dinge und Menschen anerkennt.

vgl. Regula Benedicti Kap. 63,10 ff

Wenn Du ehrfürchtig sein willst, dann durchsuche Dein Herz, damit keine Falschheit in Dir ist. Du wirst Deine innerste, Deine echte Einstellung finden müssen, die nicht nach Äußerlichkeiten sucht, sondern nach der Klarheit Deines Herzens. Wenn Du ehrfürchtig sein willst, dann versuche, den inneren Wert der Menschen und Dinge zu erahnen. Der zeigt sich nicht im Äußerlichen. Du wirst dann aufhören, zwischen klein und groß, zwischen schön und unansehnlich zu unterscheiden.

Gottes Vaterliebe ist über allen und in allem. Er hat uns geschaffen, alle Menschen, alle Dinge, die gesamte Welt.

Ehrfurcht ist jener heilige Schauder und jenes bebende Ahnen, das um die Größe Gottes weiß. Er, der alles erschaffen hat, der mit seinem heiligen Handeln und seiner Weisheit die ganze Schöpfung belebt, fordert von Dir die Ehrfurcht vor all diesen Dingen. Wenn Du ehrfürchtig bist, dann lebst Du. Denn Ehrfurcht ist die Haltung, die das Leben schützt, und andere leben läßt. Wenn Du nicht ehrfürchtig bist, dann stellst Du Dich gegen das Leben mit Deinen Worten, Gedanken und Taten. Damit achtest Du den Heilsplan Gottes nicht und stellst Dich auf die Seite des Todes. Wenn Du nicht ehrfürchtig bist, dann tötest Du, – vielleicht nur im kleinen Maß, – den lebendigen Gott in Dir.

Der Gegensatz zur Ehrfurcht ist die Überheblichkeit, die Sucht, alles wissen und kennen zu müssen. Die Überheblichkeit achtet nicht das Geheimnis und die Weisheit. Mit lautem Geschrei versucht sie, allen Dingen und Menschen auf den Grund zu kommen.

Die Überheblichkeit ist jene Haltung, die dem anderen den Atem nimmt und ihn mit

Scheinklarheit zu ersticken droht. Sie brüstet sich mit Banalität und Trivialität, die Stärke und Schwäche des anderen bagatellisieren oder in den Schmutz ziehen.

Wenn Du ehrfürchtig bist, wirst Du bescheiden sein. Du wirst das Heilige ehren und im demütigen Schweigen die Größe und die Schwäche des anderen anerkennen. Deine Ehrfurcht wird so zur Voraussetzung für die Liebe.

Sie zeigt sich vor allem darin, wie Du mit Deiner Schwäche und der Schwäche und Sünde des anderen umgehst. Ehrfürchtig sein heißt, dem anderen Menschen Schutz geben. In dieser Haltung wirst Du das Geheimnis von anderen Menschen und Dingen bewahren. Du wirst sie nicht entkleiden oder bedecken und verfälschen. Ehrfürchtig sein heißt, mit Klarheit nichts verschleiern. Es heißt aber auch, mit Liebe, Schweigen und Verzeihen die Sünden und Fehler anderer nicht bloßzustellen. Deine Ehrfurcht kann nie eine laute Tugend sein. Sie wächst immer in der Stille.

Je mehr Du Dich selbst erkennst mit all Deinen Schwächen und Stärken, desto mehr wirst Du Gott, den anderen Menschen und der Schöpfung ehrfürchtig begegnen. Du wirst erkennen, daß Du mit Deinem eigenen Leben, mit allen Vorzügen und Nachteilen, ein Glied von Gottes heiligem Plan bist. Du wirst seine Liebe entdecken, mit der er Dich führt und leitet und mit der gleichen Liebe, die Gott zu uns Menschen hat, anderen Menschen begegnen.

Verletzungen der Seele und des Leibes kannst Du nur dann heilen, wenn Du vor diesem Leib und dieser Seele Ehrfurcht hast. Letztlich bist es ja nicht Du, der heilt oder Segen bringt, sondern es ist die allmächtige Liebe des Vaters, die Dich zu einem Werkzeug gemacht hat.

Wenn Dir ein Mensch begegnet, der unter der Last seiner Krankheit oder Sünde zerbrochen ist, behandle ihn so ehrfürchtig wie Gott selbst. In ihm begegnet Dir seine Liebe. Es ist für Dich eine Gnade Gottes, daß Du ihm begegnen darfst. Sprich nicht mit ihm von oben herab, behandle ihn nicht überheblich, sondern danke ihm und Gott für die Gnade dieser Begegnung. Auch in der Sünde und in der Schwäche zeigt sich der lebendige Mensch. Kennst Du die Geschichte seines Lebens? Weißt Du, welchen Weg Gott ihn bisher geführt hat? Du kannst nur erahnen, warum er nach Gottes heiliger Weisheit so geworden ist. Die Ehrfurcht kennt keine Angst. Sie ist nicht das sklavische Zittern vor der größeren Macht, der Du ausgeliefert bist, sondern die liebende Einsicht, daß Gott der Größere ist. Gott liebt Dich. Er liebt in unaussprechlichem Maß. Diese Größe der Liebe Gottes wird Dich mit Ehrfurcht erfüllen. Je mehr Du diese Größe Gottes erahnst und anerkennst, desto mehr wirst Du schweigen und still werden.

Begegne jedem Menschen mit Ehrfurcht. In ihm strahlt das Kreuz unseres Herrn auf. Das Kind, das Dir begegnet, behandle genauso wie den alten Menschen. Den Behinderten genauso wie den, der unter einem seelischen Druck leidet. Alle diese Menschen tragen das Abbild Gottes in sich.

Aber behandle nicht nur die Menschen so. Der Heilige Benedikt schreibt in seiner Regel: »Alle Geräte und Dinge sollen mit der gleichen Ehrfurcht behandelt werden wie heilige Altargeräte.« Jede Kleinigkeit, vor allem aber die Geschöpfe Gottes verdienen Deine Aufmerksamkeit und Deine Ehrfurcht. Die Pflanzen, die Tiere, das Wasser, das Feuer und die Erde. So wie Du mit diesen Dingen umgehst, so wird auch mit Dir umgegangen, denn Deine Ehrfurcht oder Deine Überheblichkeit wird auf Dich zurückfallen. Wenn Du die Erde ausbeutest, dann zerstörst Du nicht nur die Schöpfung, sondern Dich selbst.

Regula Benedicti Kap. 31,10

Wer ehrfürchtig ist, ehrt auch die heiligen Traditionen, die Religionen und Rassen der Menschen.

In jedem Zeichen findest Du die Offenbarungen der Weisheit Gottes. Vielleicht kannst Du vieles nicht verstehen. Zusammenhänge werden Dir oft unklar erscheinen. Aber auch der Lauf der Planeten und Sterne ist Dir unklar, wenn Du den Sternenhimmel erstmals betrachtest. Genauso wie Du vor dem Geheimnis der Sterne und des Alls stehst, genauso stehst Du vor dem Geheimnis Deines Körpers, vor dem Geheimnis der Menschen, vor dem Geheimnis Gottes. Nur Deine Liebe kann es begreifen. Suche nie danach, alles zu verstehen, sondern laß Dich überwältigen von der allumfassenden Liebe Gottes, in der Du auch selbst geborgen bist.

VOM AUFTRAG GOTTES UND DEINER INNEREN BESTIMMUNG

Seit Wochen trägst Du eine Entscheidung mit Dir herum, die lange schon in Dir herangereift ist. Sie ist unmerklich gekommen, ohne Dein Zutun. Du hast das Gefühl, daß Du nachträglich etwas klarlegen und klarstellen mußt, was in der Realität schon lange geschehen ist.

Die Entwicklung Deines Lebens zeigt eine ganz merkwürdige Richtung. Glaube daran, daß Gott Dich führt und daß er in allem bei Dir ist. ER ist es, der die Pläne und Geschicke Deines Lebens steuert und leitet. Alles, was mit Dir geschieht, ist ein Teil seines ewigen Planes.

Doch jetzt stehst Du in einer Konfliktsituation. Lange Zeit hast Du geglaubt, daß es Deine Arbeit, Dein gegenwärtiger Auftrag sei, den Du erfüllen solltest. Dafür hast Du gelebt und Dich eingesetzt. Du warst auch der Überzeugung, daß es für Dich und für andere gut ist, aber dann geschahen merkwürdige Dinge. Je mehr Du Dich bei dieser Arbeit und mit diesen Ideen engagiert hast, desto mehr Widerstände tauchten auf. Du warst wohl der Überzeugung, richtig zu handeln; doch ohne daß Du es wolltest, wurdest Du mißverstanden.

Abneigung und Zwietracht, Neid und Eifersucht entwickelten sich. Sicherlich warst Du an all dem beteiligt. Obwohl Du Dich bemüht hast, wurden Deine inneren Überzeugungen und Werte nicht erkannt. Vielleicht hast Du auch selbst Zwistigkeiten und Streitigkeiten geschürt.

Am Ende einer solchen Entwicklung mußt Du erkennen, daß Du Dich verändern und entscheiden mußt. Der Weg, den Du gegangen bist, war nicht falsch. Er führte Dich nur konsequent zur jetzigen Entscheidungssituation. Orientiere Dich am Wort Jesu, der sagt: »An ihren Früchten werdet ihr sie erkennen. Ein guter Baum wird gute Früchte bringen, ein schlechter Baum wird schlechte Früchte bringen.« Wenn die Früchte Deines Lebens schlecht sind, dann entscheide Dich konsequent für ein neues Leben.

vgl. Lk. 6,43 ff

Solche Entscheidungen bringen schwere Krisen mit sich. Oft wird es dann so sein, daß Du nach außen hin anders handelst, als Du im Innern denkst. Jetzt wird der Zwiespalt Deines Lebens deutlich und Du mußt Dir bewußt werden, welche Entscheidung Gott für Dich getroffen hat. Höre ernsthaft auf die Argumente der Menschen, die mit Dir leben, damit Du nicht den verkehrten Weg gehst. Aber flüchte Dich nicht in eine Scheinharmonie oder laß andere über Dein Leben bestimmen.

Du wirst nicht jedesmal eine neue Entscheidung treffen müssen, wenn Du auf Schwierigkeiten stößt. Versuche, Dir ehrlich klar zu machen, ob Du nicht den leichteren Weg gehen willst. In dieser Entscheidungsphase werden Dir Gebet, Stille und Fasten helfen.

Vertausche nicht eine schlechte Situation mit einer ebenso unheilvollen. Nur wenn Du klar siehst, daß Deine neue Entscheidung im Plan Gottes begründet liegt, kannst Du diesen Weg gehen. Laß Dich aber nicht von Deinem Stolz leiten, denn Enttäuschungen gehören zu Deinem Leben und oft ist es notwendig, sie anzunehmen und durchzustehen. Versuche deshalb auch nicht, durch den neuen Weg Anerkennung von außen zu bekommen.

Ehrlicher ist es, den schwereren Weg zu gehen. Und der Weg zum Himmelreich ist hart und rauh, weder gerade noch einfach.

Wenn Du das alles überlegt hast, dann schaffe Klarheit und ziehe die Konsequenzen. Du kannst nicht pausenlos im Ungehorsam gegen Gottes Willen leben.

Versuche, den Lauf Deines Lebens als Ganzes zu sehen. Die Entwicklung, die Du nimmst, wird nicht neu sein.

Wenn Du Gott treu bleibst, wird er sich als treuer Bündnispartner erweisen. Gott selbst hat Menschen immer wieder diesen Weg geführt und die anstrengende Entscheidung gefordert.

Selbst wenn Dir der Auftrag Gottes und Deines Lebens widersinnig erscheint, laß Dich nicht durch wohlgemeinte Ratschläge davon abbringen.

Bitte Gott darum, daß er Dir Klarheit gibt. Oft wäre es viel leichter, das Einfachere zu tun, an den alten Orten in Ruhe und Frieden zu verharren.

Nicht immer muß man den Ort wechseln, nicht immer Äußerlichkeiten verändern. Viel wesentlicher ist, daß man sich selbst ändert, und dem Auftrag Gottes treu bleibt. Laß Dich nicht vom Bösen versuchen; denn an den Schwellensituationen unseres Lebens begegnet uns immer wieder der Teufel. Doch seinen Einflüssen kannst Du Dich entziehen, wenn Du fastest, wenn Du betest, wenn Du schweigst.

Ein Zeichen für den Willen Gottes ist auch, daß Du von Menschen verurteilt und angeklagt wirst, wenn Du Deinen Weg gehst.

Laß Dich dadurch nicht behindern. Je klarer die Berufung Gottes ist, desto größer sind die Widerstände. Der Allmächtige aber gibt Klarheit und Einsicht.

vgl. Regula Benedicti Vorwort 14 ff

Wenn Du Deinen Auftrag annimmst und verwirklichst, wirst Du selbst ein Segen sein, und das Reich Gottes wird sich in Dir und durch Dich verwirklichen. Du wirst allerdings einsehen müssen, daß die Wege und Pläne Gottes anders sind als Deine eigenen. Doch die Gnade wird Dich begleiten, auch wenn Du Schmerzen und Schwierigkeiten erleidest.

Er stellt sich für Dich die Frage, welcher der Weg des größeren Gehorsames und der größeren Demut ist. Du darfst Dir diese Frage nicht leichtfertig stellen oder sie leichtfertig beantworten. Alle Hindernisse, die sich Dir auf Deinem Weg stellen, nimm als eine Hilfe Gottes an. Unterstelle niemandem bösen Willen, auch wenn Du nicht verstanden wirst.

Du selbst hast ja auch lange Zeit gebraucht, um Dich entscheiden zu können.

Nimm den Weg an, den Du in Deinem Inneren als richtig erkannt hast. Laß Dich lieber verlachen, als daß Du Deinem Gewissen sagen mußt, daß Du ungehorsam warst und den bequemeren Weg gegangen bist.

Innere Entscheidungen sind Taten Gottes, die Du annehmen oder ablehnen kannst. Es sind Vorgänge, die sich unserer Logik entziehen und in Eigendynamik den Willen Gottes kundtun, indem sie Dich in schwere Konflikte stürzen.

Wenn Dich der Ruf Gottes betroffen gemacht hat, dann nimm die Güte Gottes an. Du kannst selbst nicht mehr bewußt steuern und scheinbar bleibt Dir nur die Wahl zwischen Ja oder Nein – aber das auch nur scheinbar. Das Wort, das Dich getroffen hat, hat die Entscheidung gefällt. Es ist unwichtig, ob Du noch Ja sagst oder Nein.

Du kannst zwar Ja sagen zur Entscheidung Gottes, die in Deinem Inneren getroffen wurde, aber nach außen nicht dazu stehen. Dann werden Dich die äußeren Umstände dazu zwingen, klar für das einzustehen, was schon seit langem Gottes heiliger Entschluß war.

Die innere Entscheidung geschieht, weil das Herz einen Augenblick lang Gottes Wort gehört und Gottes Liebe geschaut hat. Gott entscheidet, und Du kannst und darfst dazu Ja sagen. Wenn Du diesen Auftrag verneinst, wird Dir Gott immer wieder neu und liebevoll – manchmal voller Schmerzen zeigen, daß Du von seinem Auftrag weggegangen bist.

Stelle Dich Deinem Gott, damit es Dir nicht so geht wie dem Jona, der immer wieder vor dem Auftrag Gottes geflohen ist und auf seiner Flucht scheiterte. Doch auch dann wirst Du den Trost erfahren, daß Du diesem liebenden Gott auf Deiner Flucht in die Hände fällst. Er wird immer wieder versuchen, Dich auf den Weg zu weisen, der für Dich der beste ist.

Hilfen für die konkrete Entscheidung

Es gibt Situationen, in denen Du Dich klar entscheiden mußt. Es sind Situationen drohender Einsamkeit. Du wirst zurückgeworfen auf Dich selbst und mußt klar erkennen, welchen Weg Du einschlagen willst. Es kann sich dabei um Entscheidungen für oder gegen Personen, um Beziehungen, um Dinge oder auch um innere Entscheidungen handeln.

Ich habe in meinem Leben Entscheidungshilfen gefunden, die ich Dir sagen möchte. Es geht hier um jeweils zwei Pole. Du wirst Dich fragen können, was die Entscheidung mehr oder weniger in Dir auslöst. Hilfreich ist es, Deine Entscheidung nach diesen Punkten zu überprüfen und danach die Gedanken mit einem Außenstehenden, dem Du vertraust, zu besprechen. Er kann Dir die blinden Flecken sagen, die Du übersehen hast.

1. Frage Dich, ob Du durch Deine Entscheidung mehr Trost oder Trostlosigkeit findest. Mit Trost meine ich hier die innere Sicherheit und Freude, nicht die vordergründige Befriedigung. Es ist jene Haltung der Standhaftigkeit und Stärke, die bereit ist, durch Schwierigkeiten zu gehen. Trostlosigkeit ist die Flucht, die Traurigkeit, die Mutlosigkeit, all die Haltungen unserer menschlichen Feigheit, die die Seele stören.

   Dies ist ein Kriterium des hl. Ignatius von Loyola
2. Entscheide Dich danach, ob Du mit Deinem Tun, Handeln und Denken das innere und äußere, das seelische und körperliche Wachstum förderst, oder behinderst. Eine Entscheidung, die Dich menschlich, seelisch verkümmern läßt, wird Dich unglücklich machen.
3. Frage Dich, ob Du mit Deiner Entscheidung zu einer Innerlichkeit findest, zu Deinem Personkern, zu Deinem persönlichsten Anliegen, oder ob sie Dich zwingt, in der Äußerlichkeit zu bleiben, an der Oberfläche zu agieren.
4. Welche Anliegen kannst Du mit Deiner Entscheidung, oder danach verwirklichen? Kannst Du geistige, geistliche, religiöse und allgemein menschliche Anliegen in die Tat umsetzen, oder bleibt Dein Tun und Handeln auf der materiellen Ebene?
5. Kannst Du durch Deine Entscheidung Deine Ideale verwirklichen, oder mußt Du in noch mehr Zwängen leben? Manchmal wird es so sein, daß Du Dich ganz

bestimmten Zwängen beugen mußt, daß Du Vorgegebenes annehmen mußt, daß Du Dich einer Regel unterordnen mußt. Das kannst Du nur, wenn Du dadurch innerlich freier wirst und mehr Deine Ideale verwirklichen kannst.

6. Kannst Du durch Deine Entscheidung Dir selbst mehr bewußt werden, oder wirst Du in Illusionen leben? Du mußt Dich fragen, ob Du mehr Autonomie gewinnst und Dir gleichzeitig bewußt wirst, daß Du nicht nur selbständig und eigenständig bist, sondern immer auch von anderen Menschen und Dingen abhängig bist.
7. Gibt Dir Deine Entscheidung, die Du triffst mehr Möglichkeiten zu leben oder führt sie zum Tod? Der Tod kann sich in vielen kleinen Dingen zeigen. Wenn es Dir z.B. unmöglich ist, auch mit Deinen Schwächen zu leben, dann wirst Du durch diese Entscheidung einwenig mehr dem Tod nahe kommen. Entscheide Dich immer für das Leben.
8. Wird es Dir möglich, durch Deine Entscheidung Deine eigene Person mit allen Vorzügen und Schwächen, mit allen Fähigkeiten und Defiziten zu leben, zu verändern, zu integrieren, oder mußt Du einen Teil Deiner selbst verdrängen?
9. Gibt Dir Deine Entscheidung die Möglichkeit eine innere Ausgewogenheit zu finden zwischen Deinen Bedürfnissen und den Anforderungen anderer Menschen, oder einer Gemeinchaft, in der Du lebst, oder der Umwelt die Dich fordert. Sobald Du einseitig denken mußt, oder einen Teil der Notwendigkeiten des Lebens ausschalten mußt, wirst Du Dich selbst nicht wohlfühlen können.
10. Entscheide Dich dafür, ob Du in Deinem Leben in die Nähe Gottes kommst, oder ihn finden kannst, oder ob Du in die Gottferne rückst.
11. Gelingt es mit Deiner Entscheidung, Dich selbst anzunehmen und Dich an die Menschen und Gott hinzugeben, oder mußt Du Dich selbst, die Menschen und auch Gott ablehnen?
12. Die oben angeführten Punkte können immer noch Unklarheiten übrig lassen. In diesem Fall flüchte Dich in den Schutz Gottes. Bete von Herzen zu ihm. Führe einen inneren Dialog mit dem, der Dir Klarheit geben kann. Die letzte Hilfe, die Du von ihm bekommen kannst, ist die Führung durch seinen Heiligen Geist. Er wird denen gegeben, die Gott darum bitten.

VOM RECHTEN MASS UND DER INNEREN BALANCE

Willst Du leben, mußt Du lernen, das rechte Maß zu finden. Das rechte Maß hat seine Wurzel in Deiner inneren Balance. Diese Balance ist kein statisches Gleichgewicht, sondern ein dynamischer Prozeß, der sich immer wieder erneuern muß. Die Erneuerung geschieht durch Dein Leben, und das Leben selbst ist der Lehrmeister. Du spürst es in Dir, in der ganzen Schöpfung, im Kosmos. Er ist durchwoben vom rechten Maß Gottes. Mit dem Verstand kannst Du nur die Äußerlichkeiten erkennen. Du mußt mit dem Herzen schauen lernen.

vgl. Regula Benedicti 64, 17–19 auch Kap. 34

Ich selbst habe in vielen kleinen Erlebnissen immer besser gelernt, das rechte Maß zu achten. Die innere Balance ist dabei gewachsen, doch ich spüre, daß ich immer noch auf dem Weg zum Ziel bin. Immer mehr erkenne ich, daß der Weg selbst das Ziel ist.

Eines der tiefsten Erlebnisse beim Lernen der inneren Balance hatte ich während meines Praktikums in der Ecole d' Humanité in Goldern in der Schweiz. Ich war während dieser Zeit mit anderen Schülern und Lehrern verantwortlich für den Garten. Es war »Pidis Garten«. Pidi war die verehrte Kunsterzieherin und Zeichenlehrerin der Schule. Ihr Garten war nicht perfekt. Es war ein Raum voller Möglichkeiten. Es gab dort ein wenig Unland, das immer wieder gerodet werden mußte. Aber es gab auch Rosenbeete, die sorgfältig gepflegt werden wollten.

Als ich zum ersten Mal im Garten arbeitete, wollte ich sofort nach meinen Plänen und Vorstellungen anfangen und gestalten. Vor allem das viele Unkraut zwischen den Blumenpflanzen störte mich. Dann kam Pidi. Ihre Augen leuchteten immer, und ihre Hände waren vorsichtig und liebevoll. Obwohl sie schlecht hörte, verstand sie doch mehr von den lebendigen Dingen als viele andere Menschen. Sie sah wohl das Unkraut, aber sie sah auch die blühenden Pflanzen und den Komposthaufen, und sie zeigte mir einige Arbeiten, die dringender waren, als Unkraut auszureißen. Mit Verwunderung spürte ich, daß wir alle noch nicht fähig waren, die Unkrautpflanzen von den wirklichen Blumen zu unterscheiden. Ich war froh, daß ich andere Arbeiten vorziehen konnte.

Es gab viele Schwierigkeiten. Vor allem die Kinder, die mit im Garten helfen sollten, hatten wenig Interesse. Oft klappte die Zusammenarbeit nicht. Je mehr die Arbeiter im Garten zerstritten waren, desto langsamer schienen die Pflanzen zu wachsen. Erst nach langem Zusammengewöhnen gelang es uns, daß wir uns selbst in den Garten integrieren konnten. Jeder konnte seine Aufgabe tun, aber nie alle die gleiche. Wir mußten die Arbeiten teilen und überlegten, wie wir langfristige Aufgaben bewältigen sollten. Das Schwerste war, die Geduld aufzubringen, die diese Arbeit verlangte. Das Wachsen ging langsam vor sich. Aber je mehr wir uns selber in das rechte Maß des Gartens integrierten, desto mehr wuchsen wir Arbeiter, Lehrer und Kinder zusammen. Und das Vertrauen gedieh ebenso. Schwierige Aufgaben wurden dann nicht mehr dem Schwächsten zugeschoben oder einfach nur oberflächlich gemacht, sondern wir suchten den rechten Augenblick und den rechten Mann dafür. Gegen Ende des Jahres waren wir soweit, daß wir für unsere Arbeit vom Garten selbst das Thema, die Aufgabe, zugewiesen bekamen.

Doch es galt nicht nur, in uns selbst das rechte Maß zu finden, sondern auch mit den Schwierigkeiten von außen fertig zu werden. Oft stürmte und regnete es. Das Wetter war entweder kalt oder die Sonne brannte. Und manchmal verzweifelten wir, wenn die Wühlmäuse unsere Blumenzwiebeln fraßen.

Doch ganz allmählich wuchsen wir hinein und fanden das rechte Maß. Ich konnte sogar Unkraut sehen und stehen lassen, weil ich Zeit hatte und Vertrauen bekam, daß es erst einmal wachsen mußte.

Oft sah ich später, daß aus manchem Unkraut eine schöne Blume wurde. Ja, aus jedem Pflänzchen konnte etwas werden, wenn es nur die richtige Pflege am richtigen Ort bekam. Alleine aber hätte ich diese Erkenntnis nicht gewonnen. Um das rechte Maß und die innere Balance zu finden, braucht man immer den Austausch mit anderen. In diesem beständigen Austausch wachsen Vertrauen und Liebe.

Als ich im Herbst von Schule und Garten Abschied nahm, kam Pidi, legte mir die Hand auf die Schulter und sagte: »Jetzt ist es Herbst. Der Winter kommt. Aber es kommt auch wieder das Frühjahr. Es ist auch Dein Garten.«

Vielleicht klingt das alles zu einfach. Doch in den kleinen Dingen erkennen wir das Große. Wenn Du die innere Balance in Dir selbst gefunden hast, dann kannst Du auch mit dem rechten Maß nach außen handeln.

Das Wesentlichste ist, daß Du sehen, beobachten, schauen, erfahren und offen zu sein lernst für das Lebendige. Sobald Du erkennst, was wirklich ist, wirst Du mehr entdecken als nur Äußerlichkeiten. Dein Wachstum und das Wachstum der Schöpfung vollziehen sich in ganz kleinen Schritten, die oft sehr mühsam sind. Durch das Vertrauen in den Prozeß des Wachstums wirst Du selbst in dieses Wachstum integriert.

Deine und unsere Wirklichkeit wird für Dich erfahrbar, wenn Du Dich selbst und die Schöpfung ernst nimmst. Bei alledem sind Deine Ideen und Gedanken wichtig. Aber Du mußt wissen, daß sie nicht für jede Situation zutreffend anzuwenden sind. Ganz sicher haben andere eine andere Meinung, die ebenso bedeutend ist. Nur wenn Du selbst mit den vielen anderen die größtmögliche Verständigung erzielst, wenn Deine innere Balance mit der anderer übereinstimmt, wird Handeln im rechten Maß möglich sein. Da Du selbst wie auch jedes andere Individuum Deinen eigenen Platz und die eigene Bezugswelt brauchst, gestehe sie Dir und anderen zu. Nur so kann sich jeder selbst und letztlich eine Gemeinschaft entwickeln. Achte bei dieser Entwicklung immer wieder auf die Verständigung mit anderen.

Wachstum und Verständigung brauchen Zeit. Du mußt Dir und anderen Zeit lassen und Zeit geben. Es kommt alles, wenn es an der Zeit ist.

Die Schöpfung ist nie fertig. Du kannst heute nicht schon das wissen, was Du noch lernen sollst. Nur im wechselseitigen Geben und Nehmen kannst Du lernen. Das Lernen des Lebens geschieht in der Begegnung zwischen dem Ich und dem Du. Du begegnest mir, und ich begegne Dir. Wenn wir miteinander sprechen, fühlen und handeln, wird unser Lebensweg ein wenig leichter.

Doch Dein Weg ist nicht mein Weg. Aber es gibt Wegkreuzungen, an denen Du andere triffst, die dann vielleicht ein Stück des Weges mit Dir gehen können. Der gemeinsame Weg gibt Dir die Chance der Entfaltung und des Erkennens.

Deine Schwächen werden dann nicht mehr zum großen Verderben, sondern sind die Chance und die Möglichkeit für neue Entfaltungen.

Laß Dich von der Erkenntnis überraschen, daß jedes Leben wertvoll ist. Auch das »Unkraut« hat seine Bedeutung. Entwicklung und Aussehen sind verschieden, aber trotz aller Unterschiede gibt es immer wieder gemeinsame Freuden und gemeinsame Erfahrungen. Sie werden Dich dazu bewegen, weiter Erfahrungen zu machen.

Du wirst feststellen, daß gemeinsame Erfahrungen von Schmerz und Leid noch mehr Wachstumsmöglichkeiten zulassen, wenn sie wechselseitig verstanden und mitgetragen werden. Miteinander Leid ertragen heißt: der Freude Raum geben. Das bedeutet, die Realität anerkennen, sie mitteilen und offen sein für das Neue. Das Neue wiederum geschieht aus dem Alten. Deine Gegenwart ist ein Stück der Vergangenheit in die Zukunft hinein.

Dein Wachstum entsteht aus dem Schoß der Mutter Erde, aus Deiner Liebe und dem Willen zu leben. Und selbst aus einer geschlagenen Wunde kann neues Leben wachsen. Der Same ist Leben. Er fällt in die Erde und bringt neues Leben hervor.

Deine Liebe und Freundlichkeit können nicht Technik und Wissen ersetzen. Aber ohne diese Liebe werden die Technik und das Können herzlos.

Du wirst immer wieder spüren, daß Du an Grenzen stößt. Deshalb wirst Du auswählen und abwägen müssen, was Du redest und tust. Nur im Glauben und in der Ehrfurcht vor Dir selber, vor anderen Menschen und der Schöpfung kannst Du die rechte Entscheidung treffen.

Du mußt die Grenzen anerkennen und achten und unsere Abhängigkeit von ihnen nicht nur als Last, sondern auch als Bereicherung sehen. Du mußt aber auch wissen, daß unsere menschliche Chance darin besteht, Grenzen sinnvoll zu verändern. Jedes Individuum, Du selbst, der andere, der Dir begegnet, und das andere, auch wenn es Dir noch so fremd ist, ist wichtig. Wenn Du selbst durch Deine innere Balance im rechten Maß denkst und handelst, wirst Du mit anderen Gemeinschaft haben können. Du wirst erleben, daß es möglich ist, miteinander zu reden, einander zu achten und etwas Gemeinsames zu tun. Die Kreativität einer Gemeinschaft, die im rechten Maß handelt, ist ein Teil der großen, inneren Ausgewogenheit der Schöpfung. Diese innere Balance wird nur lebendig und lebbar, wenn sie erfahren werden kann. Ich glaube, daß dies die Erfahrung der Liebe ist. Glaube, Hoffnung und Liebe werden so zu Schlüsselpunkten für das rechte Maß und die innere Balance. Sie sind letztlich ein Geschenk des lebendigmachenden Gottesgeistes, der Dich mit der Liebe Gottes beschenkt.

Daß Du selbst die Möglichkeit hast, das rechte Maß zu finden, hat seine Grundlage in der Schöpfung. Du bist selbst ein Teil davon. Du erfährst Dich als leidend, trauernd, als lebend und Dich freuend. Du bist hineingenommen in Geburt und Tod, die sich immer wieder ereignen. Aus der Dynamik der inneren Balance erwächst Dir die Kreativität, die wiederum in die Schöpfung hineinfließt. Aus diesem Wissen kommen Zuversicht und Heiterkeit, weil in Geburt und Tod, in Leiden und Freude die Einheit des Lebens sichtbar wird.

Gewiß sind manche Dinge schmerzlich zu ertragen. Doch auf dem Boden des niedergebrannten Waldes kann neues Leben wachsen. Auch die Katastrophe in Deinem Leben mobilisiert neue Kraft. In dieser Gesetzmäßigkeit liegt eine heilige Ordnung, die Ordnung der Schöpfung. Dein Auftrag ist es, diese dynamische, innere Balance in Dir und der Schöpfung zu unterstützen und zu erneuern.

Den Kreis des Kommens und Gehens, des Werdens und Vergehens durchbricht die

Liebe, die beides an- und aufnimmt. Lieben heißt, sich selbst in der Gemeinschaft als lebend und sterbend annehmen und das auch mit anderen tun. Du wirst Dich als schöpferisch und als Teil der Schöpfung erleben. Dadurch wirst Du ein Teil der Liebe Gottes.

Dieser Glaube ist allerdings nicht beweisbar. Hier bleiben Sprechen und Schreiben im Vorfeld der inneren Wirklichkeit stecken.

VOM VERTRAUEN

Nichts in dieser Welt geschieht ohne den heiligen Willen Gottes. Er leitet und regiert die Welt. Unsere Sorgen sind nichts als Hilfeschreie unseres Egoismus. Wenn Du Dich selbst aufgibst und vergißt, wenn Du ihm das Ruder Deines Lebens überantwortest, dann wirst Du frei. Er sorgt sich ja um Dich. Immer stehst Du im Schatten seiner Flügel und nichts geschieht, was er nicht will oder zuläßt. Selbst der Teufel und seine Dämonen müssen ihm und seinen Plänen gehorchen. Sie schlagen Dich zwar, führen Dich in Abgründe und Sünde und versuchen, Dich gefügig zu machen, doch Gottes Hilfe und sein Schutz sind stärker.

Du wirst erleben, daß Du Dir oft selbst Hindernisse baust oder vom rechten Weg abweichst. Es sind alte Ängste und Wünsche, die Dich bedrücken. Nimm all Deine Fehler und Schwächen an. Sie sind in Gottes Plänen und in seiner Liebe geborgen. Du brauchst nicht zu befürchten, daß Du untergehst. Er fängt Dich auf, auch wenn alles gegen Dich spricht. Er öffnet seine Türen und seine Arme, wenn Du undurchdringliche Dunkelheit verspürst. Er umfängt Dich mit seinem Mantel, und die Finsternis ist nichts als der Schutz und die liebende Fürsorge seiner Vatergüte.

Vertrauen ist nie Resignation oder apathische Hinnahme des Gegebenen. Es ist ein aktives Handeln, ein hellwaches, aufmerksames Lauschen und ein aktives Sichhineingeben in seinen heiligen Willen.

Was nützen Dir die Sorgen um die bedrückenden Armseligkeiten des Alltags und die
vgl. Mt. 6,25 ff vielen wichtigen Kleinigkeiten? Betrachte die »Lilien auf dem Feld und die Vögel am Himmel«. Der gütige Vater sorgt für sie alle. Die Kleinigkeiten müssen getan, die Armseligkeiten ertragen werden; und die Tränen sind wichtig, um den Sand aus den Augen zu waschen. Danach kannst Du klarer sehen mit weniger Schmerzen und mehr Licht.

Wenn Du kein Vertrauen hast, dann wurde Dich das Mißtrauen gelehrt. Du bist durch tiefe Enttäuschungen gegangen, und die Wunden, die Dir geschlagen wurden und die Du anderen zugefügt hast, brechen leicht wieder auf. Doch so wie die Wunden heilen können, kannst Du auch Vertrauen lernen. Es ist nie zu spät. Hab keine Angst, wenn die Wunden schmerzen. Dann weißt Du, wo der Schmerz liegt und Du kannst sie heilen oder heilen lassen. Die alte, verschmutzte und verkrustete Wunde muß gereinigt, sie muß aufgebrochen werden. Das tut weh, aber nur so kann sie heilen.

Viele Wunden werden in der Kindheit geschlagen, danach meist verdrängt und vergessen. Nur der Schmerz ist noch zu spüren. Geh ihm nach. Versuch Dich zu erinnern, wann der Schmerz aufgetaucht ist, und vertraue auf die innere Kraft der Heilung in Dir und auf die Hilfe Gottes.

Manchmal mußt Du den Schmerz ertragen, selbst wenn er bedrückend und schwer ist. Die einzige Chance zu wachsen ist dann, standhaft zu bleiben.

Vielleicht gab es in Deinem Leben immer wieder Erlebnisse, die Dich enttäuscht und Dein Vertrauen zerstört haben. Erlebnisse mit dem Vater, der Mutter, Freunden, der Schule, der Kirche oder dem Beruf. Solche Erlebnisse zerstören manchmal auch das Vertrauen zu Gott. Mach nicht Gott für solche Erlebnisse verantwortlich. Er ist nicht die Ursache für die Schwäche der Menschen. Jeder von ihnen hat seine eigene Geschichte mit aller Kraftlosigkeit und Schwäche. Jeder von ihnen ist wohl auch enttäuscht worden und gibt das Mißtrauen weiter. Umso notwendiger ist es, den Teufelskreis des Schmerzes und des Mißtrauens durch Dein Vertrauen auf Gott zu durchbrechen.

Vertrauen haben heißt, sich trotz aller Schmerzen, Schwierigkeiten und Rückschläge getragen wissen von Gott, dem Allmächtigen, der Himmel und Erde erschaffen hat. Er hat auch Dich geschaffen und sorgt für Dich.

Die Wege, die wir manchmal gehen, sind verworren, und doch sind es Wege, die einen Platz haben in Gottes Heilsplänen. Auch wenn Du glaubst, Dich in einem Irrgarten verrannt zu haben: In der tiefsten Dunkelheit begegnest Du dem Licht seiner Liebe, das einen neuen Anfang möglich macht.

Vertrauen ist die Kraft, die in der Dunkelheit das Licht erkennt. Es ist die Fähigkeit, mit bebendem Herzen »Ja« zu sagen zum Unausweichlichen im Glauben, daß Du getragen wirst von der allmächtigen Liebe Gottes. Vertrauen heißt, trotz aller Widersprüche die Liebe lebendig werden lassen in Deinem Leben mit den Menschen und mit Gott.

VON DER DANKBARKEIT

Die Dankbarkeit erfüllt unser Herz mit Freude. Sie ist der Schlüssel für ein Leben in Ehrfurcht vor Gott und den Menschen. Wenn Du dankbar bist, wird sich Dein Leben verändern. Du wirst die Dinge hinter den Vordergründigkeiten sehen und das Wesentliche erkennen. Du wirst aufhören, Dich an den mühsamen Alltäglichkeiten zu stoßen, weil auch das Unscheinbare wichtig und gehaltvoll wird.

Sei dankbar, wenn Du am Morgen aufstehst und einen neuen Tag beginnst. Die Nacht hat Dir Erholung gebracht und Dir durch einen Traum vielleicht sogar einen Weg gezeigt in das geheimnisvolle Unbewußte. Freu Dich über das Wasser, mit dem Du Dich wäschst und das Dir die Müdigkeit aus dem Körper nimmt. Nimm das tägliche Brot nicht als Selbstverständlichkeit, sondern iß es bewußt und voll Freude, weil es Dir Leben gibt und von der Erde kommt, die Dich und alle Menschen ernährt.

Sei vor allem wach in den Stunden, in denen Dir Wissen geschenkt wird. Stoße Dich nicht an Äußerlichkeiten, wenn ein Lehrer anders redet, als Du es Dir vorstellst oder trocken seinen Stoff paukt. Mit der Kraft Deines Herzens kannst Du sogar die Wüste bewässern. Und selbst, wenn das auf Anhieb nicht gelingt, so kannst Du doch wenigstens die Erfahrung der Wüste und der Dürre machen. Und bedenke: »Es macht die Wüste so schön, weil sie irgendwo in sich einen Brunnen hat.« (Antoine de Saint-Exupéry)

Jedem Menschen, der Dir begegnet, sei dankbar. Mit dieser Haltung bringst Du sogar steinerne Herzen zum Beben. Leg die Scheu ab, Deine Dankbarkeit zu zeigen, dann wirst Du die Früchte auf den glühenden Wangen oder in den mit Tränen gefüllten Augen sehen. Leicht ist es, dankbar zu sein, wenn wir mit schönen Geschenken und mit Liebe behandelt werden. Schwerer dagegen ist es, all das zu empfinden, wenn wir unverstanden sind, abgelehnt oder gar bekämpft werden.

Und doch will ich Dir sagen: Höre mit Hingabe auf den, der Dich nicht versteht, denn wenn er Dich verstehen kann, wirst Du Dir selbst näher kommen.

Prüfe sorgfältig die Ablehnung, die Dir jemand entgegenbringt. Vielleicht kannst Du in Dir erkennen, was er nicht annehmen kann und was Du vor Dir selbst verborgen hältst. Offenheit und Dankbarkeit können eine Tür zu größerem Verständnis für sich selbst und füreinander sein. Wenn einer Deine Fehler bekämpft, dann liebe ihn. Er ist ein Meilenstein auf Deinem Weg, selbst wenn er egoistisch handelt und den Splitter in Deinem Auge besser sieht als den Balken in seinem eigenen.

Betrachte Dinge und Ereignisse nicht mit den Augen der Nützlichkeit und der reinen Vernunft. Hinter allen Bewegungen und Handlungen dieser Welt liegt etwas Größeres, Heiligeres, als man leichthin annimmt. Das Kleine und Unscheinbare nimm so an wie das Große und Mächtige. Und erkenne, daß Gott das Schwache auserwählt hat, um das Starke zu beschämen. Deshalb durchschaue mit Liebe die Geheimnisse des Unscheinbaren und schäme Dich nicht, selbst einmal klein und unscheinbar zu sein.

Das Wunder des Kosmos ereignet sich in einem Tautropfen genauso wie in der Kraft, mit der ein kleines Samenkorn plötzlich aufbricht und hundertfältige Frucht bringt. Lauf nicht äußeren Erfolgen nach, wenn sie nicht ausgefüllt werden können durch die Kraft Deiner Liebe im Herzen. Ziehe Dich aber auch nicht kleingläubig zurück, wenn Großes von Dir gefordert wird.

Nimm dankbar die Alltäglichkeiten an. In ihnen ereignet sich das Wunder der Menschwerdung. Ja selbst der Lauf der Sterne wird von Deiner Liebe und Wahrhaftigkeit beeinflußt, wenn Du dankbar annimmst, was Dir der allmächtige Vater jeden Tag aufs Neue schenkt.

Du hast Grund zur Dankbarkeit. Jeder Atemzug wird Dir geschenkt und jeder Schritt, den Du tust, kann entscheidend sein für Dich und diese Welt. Höre nicht auf, im Gebet dem zu danken, der mit so viel Liebe alles geschaffen hat. Wenn Du betest, danke zuerst für alles Gute und Schöne, für alles Schwere und Harte. Du wirst Deine Bitten vergessen, weil es besser ist, in seinen Händen geborgen zu sein, als in den Willkürlichkeiten, denen wir uns selbst zu oft unterwerfen. Danke Gott auch für Deine Unzulänglichkeiten, für Deine Halbheiten und Sünden, denn sie sind Bausteine für eine neue Entwicklung.

Er hat sich ja unser angenommen, noch bevor wir uns ihm zugewandt haben. Er ist treu, auch wenn wir untreu sind. Laß nicht ab, auch wenn Du zurückgeworfen wirst! Du fällst doch in seine Hände, die Dich beschützen.

ÜBER DIE DEMUT

vgl. Regula Benedicti Kap. 7

Die Demut ist die Schwester der Liebe. Wenn Du den Weg der Demut gehen willst, dann mußt Du bereit sein zu lieben. Mein geistlicher Vater, Abt Emmanuel Heufelder pflegte zu sagen: »Demut ist dienen – Mut, Mut zum Dienen.« Wir dürfen nicht glauben, daß demütige Menschen Drückeberger oder Feiglinge sind. Im Gegenteil! Sie sind Menschen, die Gott in ihrem Leben Raum lassen, die sich als Geringere, als Geschöpfe seiner Liebe erkennen und zu dieser Wahrheit stehen. Der demütige Weg erfordert große innere Kraft und Stärke von jedem, der ihn geht. Das heißt nicht nur nachgeben, weil ein anderer mehr Kraft hat, sondern annehmen, daß Gottes Liebe größer ist. Demütig werden heißt, sich in einen lebenslangen Prozeß einlassen und dabei das Steuer in die Hände Gottes geben.

Viele Mißverständnisse gibt es über den demütigen Weg. Oft wurde er schlecht gemacht, weil Menschen zu schwach waren, ihn wirklich zu gehen. Und da ihn Menschen versucht haben zu gehen, wurde er natürlich auch mißverstanden und verfälscht. Demut ist nicht prinzipienlose Nachgiebigkeit, die klein beigibt, weil es an Argumenten und Überzeugungskraft fehlt. Lauheit und mangelndes Durchsetzungsvermögen haben nichts mit demütigem Handeln zu tun. Manchmal kommt es vor, daß man glaubt, demütig zu sein und doch nur versucht, Religion und Glauben zu mißbrauchen, um seinen eigenen Willen durchzusetzen. Ein Beispiel: Eine Mutter, die ihre Kinder zwingt, in die Kirche zu gehen, weil sie selbst Schuldgefühle hat, kann nie Glauben, sondern nur Angst vermitteln. Das ist die falsche, heuchlerische Haltung des Pharisäers, der innerlich hochmütig ist, aber mit schmerzvoll geneigtem Kopf vor Gott steht und sagt: »Ich danke Dir, oh Gott, daß ich nicht so bin wie die anderen.«

Demut kennt kein Zurschaustellen dieser Haltung durch depressives Gehabe und leidvolles Seufzen. Hier ist die Gefahr zu sehen, daß die eigene krankhafte Entwicklung als geistliche Tugend verkauft wird. Die Demut wird dann zur Falschheit und Lüge, ohne daß der Betroffene das bewußt wahrnimmt. Nur an den Früchten kann man erkennen, welche Wurzeln diese Haltung bei einem Menschen hat.

Wenn Du das alles bedenkst und dennoch den steinigschönen Weg gehen willst, dann versuche, die folgenden Schritte ganz bewußt anzunehmen und einzuüben. Du wirst entdecken, daß Du für Dich und mit anderen weiterkommen kannst, immer näher zu Gott. Auf dem Weg der Einübung wirst Du viele Mühen, aber auch viel Liebe erfahren.

Die einzelnen Schritte wirst Du auch nicht hintereinander lernen und abhaken können, wie Du beispielsweise Verkehrsregeln auswendig lernst. Immer wieder wirst Du eine neue Dimension Deines Herzens entdecken und einen neuen Schritt verwirklichen können. Bei der Einübung wird Dir sicher helfen, wenn Du Dir für einen Tag oder eine bestimmte Zeit vornimmst, einen Schritt ganz bewußt zu verwirklichen. Im Laufe der Zeit werden Dir die Haltungen zur Selbstverständlichkeit, und Du wirst frei von Anweisungen und Vorschriften.

DIE ZWÖLF SCHRITTE ZUR DEMUT, DIE ICH FÜR WICHTIG ERKANNT HABE:

Vertrauen und Ehrfurcht vor Gott

1. Stell Dich bewußt in jedem Augenblick unter den heiligen Willen Gottes und nimm Dein Leben an, so wie er es Dir jetzt schenkt. Stärke Dein Vertrauen im Gebet. Es gibt Dir die Möglichkeit, mit ihm, dem Allmächtigen, zu sprechen. Die Ehrfurcht vor ihm wird Dein Herz mit Liebe füllen, die Dir aus der ganzen Schöpfung entgegenströmt. Halte an dieser Ehrfurcht auch fest, wenn Du glaubst, Irrwege zu gehen und einsam und verlassen zu sein.

Ehrfurcht vor den Menschen

2. Die gleiche Ehrfurcht und Liebe erweise den Menschen, die Dir begegnen, den großen und kleinen, den angesehenen und vor allem den geringgeachteten. Es gibt keine Rangordnung und keine Hierarchie unter den Menschen. Vor Gott sind wir alle Brüder. Nur das größere Maß an Liebe wird zählen. Gestalte Dein Leben so, daß Du nicht auf Kosten anderer lebst, denn sonst beutest Du die Schöpfung und Deinen Gott aus. Denen, die Fehler machen oder in Sünde leben, begegne mit besonderer Aufmerksamkeit und Liebe; denn auch Du bist ein Sünder und wirst von Gott geliebt.

Ehrfurcht vor der Schöpfung

3. Achte das Leben und die Schöpfung, auch die kleinsten und unscheinbarsten Formen. Alle Dinge sind von Gott geschaffen, und er gibt sie Dir als Hilfen für Dein Leben. Gestehe jedem Lebewesen sein Wachstum zu mit allen Mängeln und Fehlern. Aber gebrauche diese Fehler nicht als einen Freibrief für Deine eigene Unzulänglichkeit und Ungerechtigkeit. Nichts in dieser Welt ist fertig oder vollkommen, auch Du nicht. Deshalb hab' Geduld mit der Unvollkommenheit in Dir, in anderen, den Dingen und Ereignissen. Resigniere nicht, wenn Dich das alles belastet und bedrückt, sondern stärke Deine Hoffnung, und Du wirst in der Schöpfung leben.

Das Gute tun

4. Versuche, das zu tun, was Du als recht und gut erkannt hast, auch wenn Du dafür gescholten und bestraft wirst, und ertrage ohne Groll diesen Irrsinn der Welt, die Dich nicht versteht. Gehe auch dann Deinen Weg mit Stärke und Geradheit, wenn Treue nicht anerkannt wird, und Dir der Weg deshalb vorkommt wie der Tod, weil Dich niemand mehr verstehen kann.

An der Schöpfung mitarbeiten

5. Betrachte Deinen Beruf, Deine Aufgabe, als einen Dienst an der Schöpfung, an Gott und den Menschen, auch wenn er noch so unscheinbar und unbedeutend ist. Weder herrschsüchtiges Durchsetzen einer Meinung oder Sache, noch falsche Bescheidenheit, die in der Resignation ihren Ursprung hat, sondern Liebe und Hingabe sollen die Triebfedern Deines Handelns und Denkens sein.

Hören und Schweigen lernen

6. Lerne zu hören und zu schweigen. Du wirst langsam alle Ursachen hinter den Vordergründigkeiten verspüren. Achte genau auf die Worte und Ereignisse, aber versuche zu erahnen, was wirklich gemeint ist. Rede nicht schnell unüberlegt, sondern schweige zuerst, bevor Du über andere oder von Dir redest. Bewahre in Deinem Herzen das innere Gesetz des Lebens und störe es nicht durch gedankenloses Reden. Das Reden führt häufig zu Mißverständnissen, deshalb wähle Deine Worte und bitte den Geist Gottes, der Dich führen und leiten kann.

Klarheit und Offenheit schenken

7. Öffne Dein Herz und reinige es von dem Ballast Deines Egoismus, damit die innere Klarheit durch Dein Denken, Reden und Handeln deutlich wird. Du kannst nur offen sein, wenn Du in Deinem Inneren nichts mehr verbergen mußt. Löse Dich von der Angst, durchschaubar und berechenbar zu werden. Nur dadurch kannst Du anderen Klarheit und Offenheit schenken. Verzichte deshalb auf Winkelzüge und Tricks. Du schadest dabei Dir selbst am meisten.

Mit Verstand und Gefühl handeln

8. Mißtraue Deinem rationalistischem Denken, das alles zu wissen und zu kennen glaubt, aber verachte die wirklichen Einsichten nicht. Frage Dich nach den Ursprüngen Deiner Einsichten und laß Dich nicht manipulieren von einer scheinbaren, vordergründigen Klarheit, die vergißt, daß Du von Deinen Gefühlen und Deiner Intuition genauso geprägt wirst, wie von Deinem Verstand.

Das Leben mit Heiterkeit ertragen

9. Bewahre Dir eine heitere Gelöstheit des Herzens, ohne Dich selbst und andere lächerlich zu finden, auch wenn Dir Bitterkeit und Ablehnung entgegengebracht werden. Nimm diese Erschütterungen mit Gleichmut, ohne gleichgültig zu werden. Die Heiterkeit bewahrt Dich vor Verzweiflung und Haß. Sie hat ihr Fundament im Vertrauen auf die Liebe Gottes.

Großzügig geben

10. Bewahre Dir Großzügigkeit und Freigiebigkeit im Herzen und wenn es um Deine Liebe geht, vergiß alles vernünftige Maß. Du brauchst nicht mehr zu rechnen oder auf Dank zu lauern. Laß Geiz und Neid hinter Dir und gib mit vollem Herzen und Händen, denn mit dem Maß, mit dem Du gibst, wird Dir wieder zurückgegeben werden. Denke beim Geben an Deine innere Haltung. Das Äußerliche kann wichtig sein, wesentlicher aber ist Deine innere Einstellung.

Das Kreuz annehmen

11. Wenn Du so weit gekommen bist, dann kannst Du auch Leid und Kreuz, Dunkelheit und Verzweiflung annehmen. Nimm es bewußt an, als einen Teil Deines Menschseins. Der Schmerz gehört zum Leben und seine Bewältigung ist die Auferstehung. Versuche nicht in Schmerz und Leid Befriedigung zu finden, sondern stoße Dich vielmehr an den Schmerzen dieses Lebens, aber nimm sie an und gehe durch sie hindurch. Je bewußter Du Dein eigenes Kreuz annimmst, desto mehr werden sich in Dir Auferstehung und Freude verwirklichen können.

Die Liebe erfahren

Regula Benedicti Kap. 7,67 ff.

12. Gehe durch die demütigen Dienste Deines Lebens und erfahre, welche Liebe in Dir und unter den Menschen wächst. Du wirst die Liebe Gottes erahnen, die durch alle Furcht zur Freiheit führt. Sie ist in Deinem Herzen zu finden. Der Heilige Benedikt sagt in seiner Regel: »Wenn Du alle diese Stufen der Demut erstiegen hast, dann gelangst Du zu jener Gottesliebe, die vollkommen ist und Furcht vertreibt. In der Kraft dieser Liebe beginnst Du, alle Vorschriften, die Du bisher nur aus Angst beobachtet hast, jetzt ohne Mühe, wie durch eine Gewöhnung von selbst zu erfüllen, nicht mehr aus Furcht vor der Hölle, der Strafe, sondern aus Liebe zu Christus, und weil das Gute in Dir zur Gewohnheit, die Tugend zur Freude geworden ist. Diesen Zustand der Vollendung wird der Herr durch seinen Heiligen Geist an seinem Arbeiter offenbaren, der durch dieses Handeln frei geworden ist von allen Fehlern und Sünden.«

ÜBER LIEBE UND HINGABE

Von Liebe und Hingabe zu schreiben ist schwer, weil man immer in der Halbheit oder der Begeisterung steckenbleibt. Nie kann damit die ganze Wirklichkeit der Liebe erfaßt werden. Deshalb öffne jetzt Dein Herz und ahne, daß Du selbst erfüllen mußt, was an meiner Liebe und Hingabe fehlt.

vgl. »Das Hohe Lied der Liebe« 1. Kor, 13.

Zur Liebe gehört immer das »Du«, der andere und das andere. Allein zu lieben ist egoistisch und bleibt leer und ohne Sinn. Die Liebe sucht sich immer den anderen Teil, der sie ergänzen und zur vollen Blüte bringen kann. Doch bei allem Tun bleibt liebendes Handeln immer absichtslos und ist nicht auf einen bestimmten Zweck oder ein Ziel gerichtet.

Die Liebe unterwirft sich der Führung und Leitung des Guten, auch des guten Menschen, ohne abhängig und schwach zu werden. Sie meidet falsche Idolhörigkeit und ist doch dem Großen und Schönen zugeneigt und aufmerksam darauf, was große Menschen sagen. Sie ist offen und frei. Angst kennt sie nicht. – Die Liebe sieht das Ganze und nicht nur die wohlgefällige Hälfte, die in den Ohren klingt. Sie weiß um die Vielfältigkeit des Lebens und nimmt an, was da kommt, ohne allerdings unkritisch zu sein. Sie weiß zu unterscheiden zwischen Äußerlichkeiten und dem Wesenskern und ist nicht oberflächlich, sondern gibt mit ihrem Bewußtsein Halt.

Wenn Du liebst, dann wirst Du ohne Maß schenken können; weniger äußerliche, materielle Dinge als vielmehr die Kraft und Sehnsucht Deines Herzens. Du wirst nicht mehr zählen und rechnen, ob und wieviel Du zurückbekommen kannst, weil Deine Liebe selbst für Dich ein großes Geschenk ist. Du wirst erfahren, daß Du selbst Liebe bist und Dich als Liebenden erkennen. Wenn Du Liebe so schenken kannst, wirst Du Dich auch selber lieben können.

Liebe ist die Hoffnung wider alle Hoffnungslosigkeit. Du wirst Vertrauen in das unabsehbare und unbegreifliche Geschehen Deines Lebens bekommen. Du wirst Dich dem Fluß und der Dynamik, die im Leben pulsiert, hingeben und selbst Kraftquelle für dieses Leben sein.

Wenn Du liebst, brauchst Du keine Bedingungen mehr stellen, die Dein Egoismus fordert, um Dich abzusichern. Du wirst Dich selbst ohne Angst verschenken können, weil Du weißt, daß zwar alles Äußerliche vergehen kann, aber Deine Liebe bleibt.

Deine Liebe wird sogar Schuld und Sünde, Fehler und Schwächen des anderen an- und aufnehmen. Sie wird nicht entschuldigen und beschönigen, denn ohne Wahrheit hat Liebe keinen Bestand. Du wirst niemanden mehr bloßstellen oder Schmerz zufügen, um ihn zu quälen oder zu schaden.

Selbst wenn Du Schmerz und Haß erfährst, wirst Du hinter allem Vordergründigen die Ursachen sehen, Not und Enttäuschung, Haß und Verbitterung. Du wirst die Geschichte der Verzweiflung eines Menschen erahnen und Verständnis für ihn bekommen. Deine Augen werden sich öffnen und Licht und Verständnis Deines Herzens werden Dein Sehen erweitern.

Du wirst im Fehler anderer Deine eigenen Schwächen sehen und liebend ihnen die Hand reichen, um den Schmerz zu lösen. Und Du wirst in Dir selbst Schmerz und Haß, Fehler und Sünden lösen, wenn Deine Liebe hilft, sie im anderen zu befreien. Die Liebe vergibt und verzeiht, ohne das Recht zu verletzen. Sie schenkt Klarheit in der Verwirrung und trauert nicht, auch wenn äußerlich ein Verlust zu beklagen ist.

Deine Liebe wird die Gesichter und Hände, ja den ganzen Menschen bis in sein Innerstes verändern. Du selbst wirst Dich dabei immer mehr der Liebe hingeben.

Die liebevolle Hand trocknet die Tränen und entkrampft das verzerrte Gesicht. Die Liebe heilt Wunden und Krankheiten und läßt die Menschen Frieden finden. Sie steht auf der Seite des Lebens und kann doch den Schmerz des Sterbens ohne Verbitterung aushalten, weil nur das Unwesentliche vergeht.

Liebende Hingabe ist das Sich-fallen-lassen ins Ungewisse, getragen vom Vertrauen, aufgefangen und geborgen zu sein. Wenn Du Dich ganz Deiner Liebe hingibst, wirst Du die Einheit mit einem Menschen, mit der Schöpfung, mit Gott erleben können. Du wirst Deine eigene Gespaltenheit und die ewige Trennung überwinden, weil Du nichts mehr für Dich behältst. Durch Deine Hingabe wirst Du alles geschenkt bekommen und Dich verbunden und geborgen wissen in der tragenden Liebe Gottes.

Wie kannst Du nun lernen, Dich vertrauend hinzugeben? – Sei wach und nimm die kleinen Möglichkeiten Deiner Hingabe wahr: Das kleine Wort der Vergebung für einen anderen; die Gabe, die nicht auf Dank lauert; die Verehrung des Lebens und das Annehmen des täglichen Kreuzes – das alles sind Lehrstücke für Deine Hingabe.

Die Liebe schenkt sich immer ganz und weiß doch um den Schmerz des Schenkens. Wie der Ton sich von den Saiten des Instrumentes hebt und in Ohr und Herz dringt, unwiederbringlich und für immer, so läßt sich die Liebe ganz los, ohne die Angst, nicht mehr zurückzukehren. Die vollkommene Hingabe schaut ohne Hintergedanken niemals zurück.

Diese liebende Hingabe lebt wie ein Sonnenblumenkern, der die strahlende Blüte verläßt. Er fällt in eine Mühle und wird zusammengepreßt. Und dieses Öl speist eine Flamme, die Licht spendet und Wärme. Sie verbrennt zur Ehre des Allmächtigen, der nicht angewiesen ist auf diesen winzigen Punkt, der aber dieses Licht aufnimmt in das ewige Licht der Sonnen und Sterne. Dieses Öl des Sonnenblumenkerns kann Wundschmerzen lindern und heilen, ohne auf Dank zu lauern. Den Dank wird ein Größerer ernten, der mit dem Öl seiner Liebe allem Lebendigen Leben gibt.

Voller Liebe ist auch der kleine Wassertropfen im Meer, der sich hingibt und wartet, um wieder aufzusteigen. Und er fällt im Wasser des Regens, um die Erde zu tränken oder ein Kindergesicht reinzuwaschen oder die Asche der Menschen fortzutragen in die ewige Heimat Gottes.

Liebe ist Demut und Aufgabe des Egoismus mit dem Bewußtsein, daß diese selbstlose Sendung für unsere Schöpfung von entscheidender Bedeutung ist. Wenn Du liebst, dann stärke Dein Herz mit Vertrauen und Selbstbewußtsein. Du – in Deiner Einzigartigkeit – bist entscheidend für all' die Menschen und Dinge, die Dich umgeben.

Nimm Dich an, ohne stolz zu werden, so wie Du bist. Es werden Zeiten kommen, da wirst Du die Liebe erfahren wie einen Mahlstein, der Weizenkörner zu Mehl mahlt. Du wirst zwar Dein Selbst festhalten können, aber dabei einsam bleiben und sterben. Nur, wenn Du Dich selbst aufgibst, wirst Du wachsen, und die Frucht der Liebe wird zu Dir zurückkehren. Als liebender Mensch bist Du Brot, das für die Menschen gebrochen wird und Wein, der ihr Herz erfreut. Wenn Du versuchst, krampfhaft das zu bleiben, was Du zu sein scheinst, wirst Du wie eine Traube verfaulen, die am Weinstock vergessen wurde. Nimm Dein Menschsein an!

Die Liebe lebt den Augenblick, der Himmel und Erde zur großen glückseligen Einheit mit Gott verbindet. Sie ist ganz da, sie glaubt alles, hofft alles und kann alles ertragen. Sie hört niemals auf und ist hundert- und tausendfach fruchtbar, – wie das kleine Weizenkorn, das in der Erde liebend vergeht und reiche Frucht bringt.

Die Liebe hat ihre Wurzel in Gott. Weil er selbst Liebe ist, deshalb kannst Du ihn und die Menschen wieder lieben. Schau' Dir die Schöpfung an. – Erahnst Du seine Liebe? Alles, was uns umgibt, hat er erschaffen, damit wir seine Liebe erahnen und selbst wieder diese Liebe weitergeben. Wenn Du Leid und Kreuz zu spüren bekommst, bist Du trotzdem hineingenommen in seine Liebe. Du wirst dem ähnlich, den der Allmächtige gesandt hat, um uns diese Liebe zu zeigen. Wenn Du Leiden lindern kannst, laß Dich demütig zum Werkzeug machen, das er für sein liebendes Tun an den Menschen braucht. Vertraue Dich Gott an, dem Liebenden, dem Gütigen, der sich Deiner annimmt. Nichts wird Dich trennen von dieser Liebe, weder Tod noch Leben, weder Mächte noch Gewalten. Alles wird wie eine Symphonie von dieser ewigen Liebe singen, die uns alle am Leben erhält.

Und wenn dann eines Tages der Tod kommt oder wenn er Dir einen geliebten Menschen entreißt, dann ist auch das nur ein kleiner Hauch der Liebe Gottes. Sie nimmt jemanden ganz hinein in seine große, unendliche Liebe. Hab davor keine Angst, auch nicht in der größten Todesnot, oder wenn man Dich quält, um Dich zu zerbrechen. Was auch kommen mag, hinter allem steht der allmächtige Vater, – und er liebt Dich. Liebe ihn, der nicht aufhört, sich Dir hinzugeben. – Du bist für ihn einzig!

Ja, er hat Dich erschaffen und sorgt sich sogar um die Haare auf Deinem Haupt, wie es so deutlich in der Bibel steht. In seinen allmächtigen Vaterhänden kann Dir nichts diesen Schutz nehmen. Und wenn Du Dich selbst demütig angenommen hast und in seinen gütigen Händen zum Werkzeug geworden bist, dann laß es geschehen, daß Du ganz einfließt in die Geborgenheit mit ihm, daß Du eins wirst und selbst Liebe bist.

Äußerlichkeiten werden ihr Gewicht verlieren. Mit Freude wirst Du die Wolken sehen und die Sonne und wirst die Einheit erleben, die Dich mit allem Geschaffenen und dem Allseienden verbindet. Voll Demut wirst Du ihn lobpreisen, der aller Dinge Anfang, Ende und Urgrund ist. Demütig wirst Du bitten und spüren, daß Du eins bist mit ihm und dem, was da ist.

Ihm sei Herrlichkeit und Ehre.

DIE EINHEIT LEBEN

Zutiefst berührt und erfüllt mich das Bild »Christus und Johannes« aus dem Gesangbuch unseres Klosters. (Siehe S. 1) Es ist für mich der Inbegriff des Lebens in der Einheit. Christus und der Jünger, den er liebt, sind eins geworden. Der Herr sitzt liebevoll geneigt, und der Jünger kniet lehnend zu Füßen des Meisters und ist mit ihm eins geworden. Die Liebe verbindet zur Einheit. Jesus Christus, der Herr, ist der Gebende, der Sprechende, der Liebende. Johannes ist der, der sich hingibt, der empfängt, der geliebt wird. Christus segnet mit der Rechten, mit all seiner Kraft, mit all seiner Stärke. Sein Segen verleiht nicht nur dem Jünger, sondern der ganzen Welt Sicherheit und Frieden. Die Linke des Herrn ruht auf der Schulter des Lieblingsjüngers. Sie schützt und stützt ihn, nimmt ihn an. Sie fordert ihn in seinen Dienst, aber diese Forderung ist einzig und allein die Liebe. Ganz deutlich die zwei Hände des Herrn: die segnende und die schützende.

vgl. Joh. 13,1–35

Johannes liegt im Schoß des Meisters. Er ist ganz Hingabe, seine Augen sind geschlossen. Er ist bereit, aufzunehmen und anzunehmen. Seine rechte Hand ist zugleich eine gebende und nehmende Hand. Einsgeworden im Geben und Nehmen. Die linke Hand des Johannes hält den Kelch. Der Jünger darf ihn nur reichen. Gefüllt wird er von dem, der in seiner Liebe unendlich größer ist, von Jesus Christus. Johannes nimmt den Kelch und gibt ihn zugleich. Er behält ihn nicht für sich, hält ihn aber in seiner linken Hand, die vom Herzen kommt. Von seinem Herzen, das er seinem geliebten Herrn anbietet.

Das Haupt des Herrn ist umgeben von einer roten Gloriole.

Johannes trägt einen roten Mantel.

Der Kelch ist gefüllt mit rotem Wein.

Aus dem Becher fließt eine rote Spur zu Boden.

Das bedeutet: Den Meister, Jesus Christus, umgeben Heiligkeit und Liebe. Rot ist die Farbe der Hingabe, der Liebe, des Blutes und der Freude.

Die Liebe und Heiligkeit des Meisters schützt den Jünger, den er liebt. Der rote Mantel, den der Herr liebevoll um seinen Jünger breitet, gibt ihm Schutz. Dies heißt für uns: Der einzige Schutz, den wir im Leben haben, sind seine Liebe und seine Heiligkeit. Auch der Becher ist gefüllt mit Heiligkeit und Liebe. Johannes, der geliebt wird, darf diesen Becher halten und an andere weiterreichen. Heiligkeit und Liebe, von Christus gegeben, durch die Hand des Jüngers gereicht, fließt zu Boden, um sich an alle Menschen zu verschenken. Nicht Johannes ist der Gebende, sondern Jesus Christus selbst. Doch in die Liebe und Heiligkeit des Meisters mischt sich das hingebende Herzblut des Jüngers.

Der Meister nimmt seinen Schüler und gibt ihn – zugleich mit seiner Liebe – an die Menschen hin. Er will damit ein Zeichen setzen: Er schenkt sich uns, indem er uns wie seinen Lieblingsjünger nimmt, um uns wieder anderen zu geben. In der liebenden Hingabe werden wir eins mit Jesus Christus. Er schenkt sich, und wir dürfen teilhaben an diesem Schenken. Wir werden selbst mit ihm das Geschenk an die Menschen.

Ruhe und Frieden, Gelassenheit und Freude, Zuversicht und Hoffnung strahlt dieses Bild aus.

Der Meister trägt das gleiche Gewand wie der Jünger. Nach außen hin sind beide eins geworden.

Wenn Du leben willst, dann mußt Du nach dieser Einheit streben. Eins sein fordert Deine ganze Hingabe. Die Hingabe des Johannes hier im Bild ist kein passives Tun, sondern die aktive Haltung dessen, der mit wachem Verstand sein ganzes Herz gibt. Seine Gefühle sind offen für den Kelch des Heiles, den Kelch der Tränen, den Kelch der Freude und er nimmt diesen Kelch an und schenkt ihn weiter. Er behält nichts für sich, denn er ist eins geworden mit dem, der ihn hält und trägt. Im sicheren Schutz der Heiligkeit und Liebe wirst auch Du befreit und zugleich eins mit dem liebenden Herrn.

Wer ist der Gebende?

Wer ist der Nehmende?

Beide geben und nehmen, beide sind eins. Einheit verwischt nicht Deine Individualität. Du brauchst keine Angst zu haben, daß Du Dich selbst verlierst oder Dich verleugnen mußt. Die Liebe des Meisters nimmt seinen Jünger an, wie er ist. Er wird eins mit ihm, weil auch er gibt und nimmt.

Beide sind nicht mehr zwei, sie sind hinübergegangen in eine Einheit. Die ewige, alte Trennung des Menschen mit seinem Gott ist überwunden durch die Liebe.

In diesem Bild zeigt sich der Übergang von der Menschlichkeit zur Herrlichkeit Gottes. Hier wird Transzendenz erfahrbar. Sie ist nicht etwas, das außerhalb Deiner Erfahrung und Deines Menschseins steht. Im Gegenteil! Sie wird in Deinem Leben erfahrbar, wenn Du Dich liebend an den hingibst, der Dich zuerst geliebt hat. So wird alles hineingenommen in die ewige Liebe Gottes.

Wenn Du einem Menschen begegnest, dann schau ihn an und entdecke Jesus Christus in ihm. Gib Dich ihm hin, wie Johannes sich seinem Meister hingegeben hat. Du wirst in dieser Hingabe den Übergang Deiner Menschlichkeit in die Herrlichkeit Gottes erleben. Es wird Dir nicht mehr schwer fallen, Dich hineinzufühlen in das innerste Geheimnis des Glaubens, – die Liebe.

Täglich kannst Du von diesem Bild lernen. Es ist ein Lehrbuch voller Einfachheit und Tiefe. Je mehr Du erahnst, was Liebe ist, desto mehr wirst Du eins sein mit Gott.

SEGENSWORTE

DER AARONSSEGEN

Der Herr
Der Mächtige
Ursprung und Vollender aller Dinge,

Segne Dich
Gebe Dir Gedeihen und Wachstum
Gelingen Deinen Hoffnungen,
Frucht Deinen Mühen

Und behüte Dich
Vor allem Argen,
Sei Dir Schutz in Gefahr
und Zuflucht in Angst.

Der Herr lasse leuchten sein Angesicht über Dir
Wie die Sonne über der Erde
Wärme gibt dem Erstarrten
Und Freude gibt dem Lebendigen

Und sei Dir gnädig
Wenn Du verschlossen bist in Schuld,
Erlöse Dich von allem Bösen
Und mache Dich frei.

Der Herr erhebe sein Angesicht auf Dich,
Er sehe Deinen Leib
Und höre Deine Stimme,
Er heile und tröste Dich

Und gebe Dir Frieden,
Das Wohl des Leibes
Und das Wohl der Seele,
Liebe und Glück.

Amen.
So will es der Herr, der von Ewigkeit zu Ewigkeit bleibt.
So steht es fest nach seinem Willen
Für Dich.

Aus: Jörg Zink, Wie wir beten können, Kreuz Verlag, Stuttgart 1970

Gesegnet sei meine Schwachheit
Durch die Liebe Gottes.

– Meine Müdigkeit, meine Kraftlosigkeit,
Meine Lieblosigkeit, meine Verzagtheit.

– Die Menschen, die mir auf die Nerven gehen;
Mit denen ich Kummer habe, die mich verletzen.

– Die Enttäuschungen, die Mißerfolge,
Die Irrwege, die Zweifel.

– Meine Dummheiten, mein Stolz,
Meine Engstirnigkeit, mein Geiz.

Damit mit Deinem Segen ich verwandelt werde.

Amen

DER HERR

Sei vor Dir,
Um Dir den rechten Weg zu zeigen.

Der Herr sei neben Dir,
Um Dich in die Arme zu schließen
Und Dich zu schützen.

Der Herr sei hinter Dir,
Um Dich zu bewahren
Vor der Heimtücke böser Menschen.

Der Herr sei unter Dir,
Um Dich aufzufangen, wenn Du fällst,
Und Dich aus der Schlinge zu ziehen.

Der Herr sei in Dir,
Um Dich zu trösten,
Wenn du traurig bist.

Der Herr sei um Dich herum,
Um Dich zu verteidigen,
Wenn andere über Dich herfallen.

Der Herr sei über Dir,
Um Dich zu segnen.

So segne Dich der gütige Gott.

INAYATS SEGEN

Möge Gottes Segen auf Euch ruhen
Möge sein Friede bei Euch wohnen
Möge seine Gegenwart Euere Herzen erleuchten,
Jetzt und immerdar.

Amen

Gesegnet sei der Leib der Mutter,
Der mich getragen,
Der mir Wärme und Nahrung gegeben hat.

Gesegnet sei diese Erde,
Die mich trägt,
Die mir Heimat und Essen schenkt.

Gesegnet sei diese Schöpfung,
Mit der ich verbunden bin,
Die mir Leben und Frieden gibt.

Mit der Fülle des Segens, der Liebe, der Freude und des Friedens
Sei gesegnet.
Lobpreis und Herrlichkeit dieser Erde,
Die Gott Dir geschenkt hat,
Werde Dir zum Heil.
Er erfülle Dich mit dem Glauben und der Liebe,
Die Dein Herz weit machen.

Er stärke Dich mit der Kraft des Glaubens Deiner Väter,
Die Dir vorausgegangen sind.

Er nehme von Dir Sünde und Schuld,
Damit Du selber durch seinen Segen ein Gesegneter und ein
Segnender wirst.

Er, der Allmächtige, der Gütige und Barmherzige,
Der Einzige und Ursprung aller Dinge:

Er segne Deine Füße
Und die Wege, die Du gehst,
damit Er Dein Weg sei.

Er segne Deine Hände
Und die Arbeit, die Du tust,
damit Er Dein Werk sei.

Er segne Deinen Mund
Und Deine Stimme,
damit Er Dein Wort sei.

Er segne Deine Ohren
Und Deine innere Offenheit,
damit Du den Klang seiner Stimme hörst.

Er segne Deine Augen
Und die Bilder in Dir und um Dich herum,
damit Du ihn erkennst, der Dein Licht ist.

Er segne Deinen Verstand
Und Deine Einsichten,
damit Deine Klarheit Dir und anderen Sicherheit gibt.

Er segne Dein Herz
Mit der Gnade,
daß er in Dir sei
und Du in ihm.

Amen

Reicher Segen komme über Dich
Durch die Liebe Gottes,
Der Dich erschaffen hat
Und Dich erhält.

Sei gesegnet
Mit Gottes Geist, der in Dir atmen soll.

Sei gesegnet
Mit himmlischem Licht, das aus Dir strahlen soll.

Sei gesegnet
Mit dem Klang der Schöpfung, der in Dir singen soll.

Sei gesegnet
Mit heiliger Kraft, die in Dir Wirk-lichkeit wird.

Sei gesegnet
Um selbst Gottes Segen zu sein.

Amen

Der Herr segne Dich
Mit dem Glauben Deiner Väter und Brüder,
Die vor Dir und mit Dir glauben und geglaubt haben.

Er schenke Dir die Hoffnung,
Niemals an seiner Barmherzigkeit zu verzweifeln,
Auch wenn Leid und Dunkelheit Dich umgeben.

Er zeige Dir seine Liebe,
Mit der er Dich umgibt
Und sich um Dich sorgt,
Mit der er in Dir wohnt
Und Dich liebenswert macht.

Amen.

Autor: Pater Johannes Pausch wurde am 30. April 1949 in Parkstein in der Oberpfalz geboren und trat 1969 in die Benediktinerabtei Metten ein. Er studierte Philosophie und Theologie in Salzburg und Sozialpädagogik/Heilpädagogik in Benediktbeuren/München.

Entscheidende Einblicke in die Hintergründe des Lebens gewann der Autor als Assistent von Dr. Ruth Cohn in der Ècole d'humanité in Goldern/Schweiz. Langjähriger Führer auf seinem geistlichen Weg war ihm Abt Emanuel Heufelder von Niederalteich.

Nach siebenjähriger Tätigkeit als Lehrer und Erzieher in der Benediktinerabtei Metten wurde Pater Johannes Pausch Spiritual des Kollegs St. Benedikt in Salzburg. Er steht vielen Menschen in Lebenskrisen zur Seite.

Als Lehrbeauftragter an der Universität Salzburg versucht er jungen Menschen ein geistliches Leben zu vermitteln.